**SEHR GUT
GRILLEN**

SEHR GUT GRILLEN

Die besten Rezepte der Grill-Weltmeister

INHALT

BBQ-Saucen *Seite 52*

Quesadillas *Seite 76*

Türkische Gemüsespieße *Seite 124*

Jakobsmuscheln *Seite 145*

Erdbeer-Pfeffer-Ribs *Seite 167*

Ananas-Trauben-Spieße *Seite 225*

SEHR GUT GRILLEN

Wurst braten kann doch jeder, oder? Aber können Sie auch Ihre eigene Wurst machen oder im Grill räuchern, ganze Braten und sogar Pizza zubereiten? Dafür braucht man die richtige Technik – und das Wissen, wie man sie nutzt. Wie kriegt man Fleisch, Fisch und Gemüse perfekt gegart vom Grill? Es ist alles ganz einfach.

Viele gute Gründe, mal wieder zu grillen

HEISSE LEIDENSCHAFT

Seit der Mensch das Feuer hat, grillt er. Und die urzeitliche Erfahrung, ein Feuer zu machen und gemeinsam daran sein Essen zu rösten, hat bis heute nichts an Faszination eingebüßt. Aber unser Geschmack hat sich weiterentwickelt. Es gibt viel mehr gegrillte Köstlichkeiten zu entdecken als nur große Fleischteile und Wurst. Ein kurzer Blick auf die Evolution einer menschlichen Kulturtechnik.

In Südamerika und China kannte man bereits sehr früh in Wasser getränkte Holzroste und -spieße, bevor die Römer dann vom Grillen mit Spieß und Speer zur Verwendung spezieller Metallroste übergingen. In Haiti allerdings sollen die Anfänge des Barbecue liegen, zumindest sprachgeschichtlich liefert das Wort „barbakoa" (Stöckergerüst/-rahmen) der indigenen Bevölkerung Anhaltspunkte dafür. Französische Kolonialherrschaft und die Vermischung afrikanischer, südamerikanischer und europäischer Kultur führten zur Weiterentwicklung des Begriffs. Von hier aus muss der Ausdruck über die Kreolen dann nach Nordamerika gelangt sein, wo er schließlich zum Barbecue wurde.

Inzwischen ist auch bei uns immer öfter von Barbecue die Rede. Kaum einer weiß aber, dass es nicht einfach der amerikanische Begriff für ein Grillfest ist. Bei einem traditionellen Barbecue wird das Fleisch anders gegart, als wir es vom Grillen über der Glut kennen. In den Smoker-Grills amerikanischer Provenienz gart das Fleisch langsam im heißen Rauch, bleibt saftig und verbrennt nicht. Zwar braucht man für diese Grillmethoden vielleicht einen neuen, geschlossenen Grill, aber es wäre nicht schlecht, wenn sich diese uramerikanische Form des Grillens auch bei uns durchsetzte: Es ist vielfältig und entspannt – ohne gesundheitsgefährdende schwarze Kruste und Schuhsohlengefahr auf dem Teller.

Apropos Innovationen: Im Lauf der Zeit wurden immer neue und bessere Grillgeräte entwickelt, so dass man heute nahezu alles auch auf dem Grill zubereiten kann, was

bisher bestenfalls im Backofen funktionierte. Beilagen wie Kartoffeln oder Brotvariationen können ebenso vom Grill kommen wie Gemüse, Obst und Desserts. Aber es ist dadurch auch unübersichtlich auf dem Grillmarkt geworden. Dickes Blech und großer Rost sind bei Weitem nicht die wichtigsten Dinge, auf die es bei einem Neukauf ankommt. Man kann sich über die reichlich rustikale, manchmal fast barocke Gestaltung der großen amerikanischen Grillgeräte streiten – dennoch sind sie eine Überlegung wert. Vielleicht ist aber auch ein Kugelgrill die bessere Wahl? Sie werden sehen.

Aber es gibt noch einen anderen wichtigen Faktor beim Grillen: Sie! Ohne einen Grillmeister, der Mut, Motivation, Inspiration und ein wenig Lust am Kochen mitbringt, geht es nicht. Es ist eine vornehme Aufgabe, die man als Grillmeister übernimmt, eine große Tradition, in die man sich stellt. Die Rotisseurs, das waren die Fleischgriller, gehörten zur obersten Kaste in den Küchenuniversen der Könige. Grillen ist kein einfaches Geschäft, das wusste man damals schon: Teure Lebensmittel, bei deren Zubereitung auf offenem Feuer in Sekundenschnelle alles schiefgehen kann, der gute Braten zerstört wird. Gerade das in Deutschland zelebrierte direkte Grillen ist ohne Frage die

Sehr gut grillen

schwierigste Art zu grillen. Zumindest wenn es zum Schluss schmecken soll. Aber das haben Sie wahrscheinlich schon selbst bemerkt. Wenn Sie bisher immer schwitzend am Grill standen, im Stakkato dünne Nackensteaks gewendet, Würste gedreht oder Schaschlikspieße auf Anrichteplatten geworfen haben, nebenbei mit Flammen von verbrennendem Fett oder mit versiegender Glut gekämpft haben, wissen Sie, wovon die Rede ist. Offenes Feuer ist schön, heimelig, leider aber sehr heiß. Jede Saison fragen sich deswegen Tausende Familien: Gibt es eine Art zu grillen, die auch dem Grillmeister Spaß macht?

Ja, gibt es. Aber, wie gesagt, ein bisschen anders ist es schon, ein wenig umdenken ist nötig, erweitert Ihre Möglichkeiten aber enorm. Indirektes Grillen oder Barbecuing ist die Lösung für viele Grillprobleme. Es tropft kein Fett in die Glut, nichts verbrennt und stinkt. Auch der Nachbar mault nicht mehr, zumindest nicht mehr über Rauchschwaden. Außen schwarz, innen roh – vorbei. Alle sind glücklich, der Grillmeister oder die Grillmeisterin entspannt. Aber dafür muss man mit mancher liebgewonnenen Gewohnheit brechen.

Mit den neuen (eigentlich uralten) Grilltechniken hat man mehr Zeit, kann sich mit Gästen unterhalten, selber mal was essen. Man fühlt sich nicht mehr wie ein Getriebener, der durchaus gekonnt, aber abgeschlossen vom Rest der Welt mit dem Feuer und seiner imaginären Jagdbeute hantiert. Die Anerkennung kommt dann, wenn Ihre Gäste zum ersten Mal kosten. Alle merken sofort: Da steht jetzt ein echter Koch am Grill – und unterhält nebenbei die ganze Gesellschaft. Dafür müssen Sie vielleicht einiges neu lernen, sich gewisse Techniken aneignen, haben dann aber auch viel zu erzählen. Und schwer ist es nicht, sonst hätte nicht alles, was wichtig ist, auf 240 Seiten Platz. Sie haben jetzt alles in der Hand.

Das bleibt: ein lauer Sommerabend und die gelöste Atmosphäre. Grillen ist keine allzu formale Angelegenheit und man kann es letztlich halten, wie man will. Direkt, indirekt – jeder wie er Lust hat. Wer es etwas rauer mag, geht in den Park zum Grillen oder fährt mit Freunden an einen See, trinkt Bier zur Wurst und schaut, während die Glut verlischt, in den Sternenhimmel. Manchmal muss es eben so sein. Grillen ist und bleibt eine Übung in Geselligkeit. Weltmeister wird man so vielleicht nicht, aber selbst Grill-Weltmeister müssen nicht immer die ganz großen Geschütze wie selbst gemachte Krabbenbratwurst oder 20 Stunden geschmortes Fleisch auffahren. Manchmal ist die Atmosphäre wichtiger als das, was nebenan auf dem Grill brutzelt.

Aber es schadet nicht, zu wissen, dass beim Grillen mehr möglich ist. Kulinarische Meisterleistungen, die nicht den ganzen Tag Vorbereitung brauchen, sind leichter, als man vielleicht denkt.

Grillen ist eine weltweite Leidenschaft, eine gemeinsame Erfahrung, ein kultureller Schatz, der verbindet. Dieses Buch versammelt alles Wichtige zum Thema. Möge der Funke überspringen und bei Ihnen eine heiße Leidenschaft entzünden …

Sehr gut grillen

WIE GRILLE ICH RICHTIG?

Holzkohletemperaturen:
Oben: >250 °C
Mitte: 160–180 °C
Unten: 100–140 °C

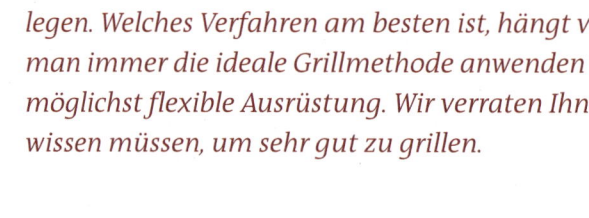

Es gibt verschiedene Arten zu grillen: Man kann Fleisch, Fisch oder Gemüse direkt über die Glut, neben die Glut oder in eine eigene Garkammer legen. Welches Verfahren am besten ist, hängt vom Grillgut ab. Damit man immer die ideale Grillmethode anwenden kann, braucht man eine möglichst flexible Ausrüstung. Wir verraten Ihnen, was Sie unbedingt wissen müssen, um sehr gut zu grillen.

DIREKTES GRILLEN

Dieses Verfahren, bei dem das Grillgut unmittelbar über der Hitzequelle auf dem Rost platziert wird, ist die hierzulande wohl bekannteste Grillmethode. Bei Temperaturen von über 250 Grad Celsius am Rost eignet sich diese Technik besonders für Speisen mit kurzen Garzeiten von weniger als 30 Minuten wie zum Beispiel Würstchen, Steaks, Zucchini, Hühnerbrüste, Hamburger, Auberginen und Koteletts. Die meist offene Bauart des Grills ermöglicht jederzeit den direkten Blick auf das Grillgut. Größter Vorteil dieser Methode ist es, dass man die Oberfläche des Grillguts schnell anrösten kann und je nach Beschaffenheit des Grillrostes auch eine schöne Grillmarkierung auf der Fleischoberfläche erreicht (siehe dazu unseren Tipp zu Grillmarkierungen, auch Branding genannt, auf Seite 16).

GRILLEN AUF UND IN DER GLUT

Diese wohl ursprünglichste direkte Grillmethode wird meist für das Garen von Lebensmitteln mit Schalen (Kartoffeln, Zwiebeln) oder auch von Grillgut in Alufolie oder Blättern (sehr gut eignen sich Bananenblätter) verwendet. Nach dem Garprozess wird das verbrannte Äußere entfernt. Selbst Steaks kann man direkt auf der Glut grillen, aber das erfordert eine große Routine und ist auch in gesundheitlicher Hinsicht bedenklich.

TIPP

Beim direkten Grillen passiert es schnell, dass die Speisen verbrennen. Deshalb sollte man die Grillfläche in drei Temperaturzonen aufteilen, damit das Grillgut auch in weniger heiße Zonen gebracht werden kann. Temperaturzonen erreicht man durch unterschiedliche Kohlenmengen.

INDIREKTES GRILLEN

Hierbei wird das Grillgut nicht über, sondern neben die Glut gelegt (siehe Foto unten). Dann kann das Fett nicht in die Glut tropfen – stattdessen läuft es in eine Schale, die man unterstellt. Voraussetzung ist ein geschlossenes Grillsystem (beispielsweise ein Kugelgrill). Die heiße Luft umströmt dabei das Grillgut und wird vom Deckel reflektiert, prinzipiell wie ein Umluftbackofen. Die Lüftungsklappen an der Seite oder am Boden des Brennstoffbehälters und an der Oberseite des Deckels oder in der Garkammer dienen zur Temperaturregulierung. Ein Wenden des Grillgutes und somit häufiges Öffnen der Haube ist nicht notwendig, da die Wärmezufuhr von allen Seiten erfolgt. Auch Gasgrills können zum indirekten Grillen genutzt werden. Wegen des geschlossenen Grillsystems mit Deckel lässt sich der Grillvorgang nicht oder nur eingeschränkt beobachten. Zur Kontrolle der Garraumtemperatur ist der Haube guter Grillgeräte ein Thermometer eingebaut. Das indirekte Grillen eignet sich besonders für größere Fleischstücke (Roastbeef, Steakhüfte, Rippchen, Schweinebraten, Lammkeule), ganzes Geflügel (Huhn, Pute, Gans) oder ganze Fische (Lachs, Forelle, Red Snapper). Die Garraumtemperaturen liegen in der Regel zwischen 140 und 180 Grad Celsius.

BARBECUING/SMOKEN

Barbecuing oder Smoken ist eine Form des indirekten Grillens und wird besonders im Süden der USA praktiziert, findet aber auch bei uns immer mehr Freunde. Beim Barbecuing wird mit noch geringeren Garraumtemperaturen (90 bis 120 Grad Celsius) gearbeitet, als beim indirekten Grillen. Zum Einsatz kommen spezialisierte Grillgeräte, sogenannte Smoker (Seite 19), mit einer separaten Feuerkammer (englisch: Side Fire Box). In dieser seitlichen Feuerbox wird ein Feuer aus Holz entzündet, es können aber auch Holzkohle und -briketts oder Gas eingesetzt werden.

Die Temperaturen müssen über einen längeren Zeitraum konstant niedrig gehalten werden. Dies geschieht durch die Regelung der Luftzufuhr mit Klappen und Schiebern. Reduzierte Luftzufuhr ermöglicht ein langsames Abbrennen des Holzes. Der Rauch zieht durch die Garkammer und gart das Grillgut, dessen Feuchtigkeit so fast vollkommen erhalten bleibt. Die Methode sorgt für extreme Zartheit und Saftigkeit, so können schonend fettarme Fleischstücke wie Schweinelachs und Filet, aber auch nicht so edle Fleischstücke wie Rinderbrust sanft gegart werden. Letztere werden bis zu 20 Stunden bis zu einer Kerntemperatur von 93 Grad Celsius gegrillt. Dabei durchläuft das Fleisch die sogenannte Plateauphase, in der die Kerntemperatur über ein bis zwei Stunden bei 72 bis 75 Grad Celsius stagniert und erst dann wieder steigt. Geschmacksrichtung und Rauchintensität werden durch die Auswahl der Holzsorte (siehe Tabelle auf Seite 238) beeinflusst. Ein Wenden des Grillguts ist beim Smoken oder Barbecuing nicht erforderlich, da es in der Garkammer rundherum gleichmäßig gegart wird.

Räucherpäckchen

WICHTIGE HINWEISE ZUM SMOKEN

• *Das Grillgut darf, während es im Rauchstrom liegt, nur indirekt gegrillt werden.*

• *Smoken im Holzkohlegrill: Am besten werden die Holzstücke oder -schnitzel zu Beginn auf das glühende Kohlebett gelegt. In dieser Grillphase nimmt das Grillgut das Raucharoma am besten auf.*

• *Smoken im Gasgrill: Die professionellste Lösung sind Räuchereinheiten/-boxen zum Nachrüsten, die mit Holzschnitzel oder Räuchermehl gefüllt werden. Alternativ fertigt man Räucherpäckchen selbst an. Dazu legen Sie das Räuchermehl auf einen Streifen Alufolie von ungefähr 25 Zentimeter Breite. Falten Sie danach das Ganze zu einem Päckchen und schlagen die Enden mehrfach ein. Stechen Sie mit einem spitzen Gegenstand einige Löcher in die Oberseite der Alufolie. Nun wird das Räucherpäckchen auf den Grill möglichst nahe an den eingeschalteten Brenner gelegt.*

RÄUCHERN

Man unterscheidet zwischen Kalt-, Warm- und Heißräuchern. Beim Kalträuchern herrschen Temperaturen von 15 bis 25 Grad Celsius und beim Warmräuchern bis 60 Grad Celsius. Das Kalträuchern ist oftmals ein tage- oder wochenlanger Prozess der sich in mehrere Räucher- und Frischluftphasen gliedert. Schwarzwälder Schinken ist ein typisches Produkt der Kalträucherung. Beim Warmräuchern wird das Räuchergut schonend gegart, wodurch das Räuchergut entsprechende Zartheit und Saftigkeit erlangt. Typisch für Warmgeräuchertes ist etwa das Kassler. Das Heißräuchern bei Temperaturen von 60 bis 100 Grad Celsius ist mit dem Smoken eng verwandt. Heißräuchern ist für Fische, beispielsweise Forelle, oder auch Fleisch (Schweinefilet) sowie Würste geeignet. Wer einen Grill hat, der sich zum indirekten Grillen eignet, kann auch räuchern. Probieren Sie's mal aus.

4 GOLDENE GRILLTIPPS

• *„Mise en place", das gilt auch für die Grillgerätschaften, denn es ist keine gute Idee, die Handschuhe erst zu suchen, wenn der heiße Gemüsespieß gerade dringend gedreht werden muss. Immer das gesamte Werkzeug bereitlegen.*

• *Branding: Für ein eindrucksvolles Grillmuster kommt das Grillgut bei direkter Hitze auf den heißen Rost. Nach etwa ein bis zwei Minuten wird es dann um 45 bis 60 Grad gedreht. Nach dem Wenden des Grillguts wiederholt man den Ablauf. Die besten Ergebnisse erzielt man mit Rosten aus Gusseisen.*

• *Scharfes Angrillen: Hohe Hitze zu Anfang ist ein Muss – und zwar um aus Röstaromen eine Kruste zu erzeugen, die das Fleisch erst so unwiderstehlich aromatisch macht. Tupfen Sie das Fleisch vor dem Angrillen mit einem Küchentuch ab, nasses Fleisch bekommt keine Kruste, sondern dampft lediglich vor sich hin. Sicher haben Sie schon oft gehört, dass scharfes Anbraten nötig sei, um die „Poren zu schließen". Bei dieser Erklärung handelt es sich allerdings um eine Legende, die vor Jahrzehnten aus einer Bratfettwerbung entstanden ist. Fleisch hat keine Poren, sondern Fasern, und die kann und will man auf keinen Fall verschließen.*

• *Entspannen lassen: Schneiden Sie Ihre Steaks nicht direkt nach dem Grillen an, sondern lassen Sie sie ein paar Minuten in Alufolie gewickelt ruhen, damit das Fleisch sich entspannt und sich die Säfte wieder langsam verteilen können.*

TB & The BBQ-Scouts

DIE GRILL-WELTMEISTER

August 2006: Einige Dutzend Grillverrückte treffen sich in dem kleinen Örtchen Lage bei Detmold zum Grillen. Thomas Brinkmann hatte zum 1. BBQ-Day geladen. Die meisten Gäste waren sich zuvor noch nie begegnet, kannten sich aber bereits durch ein Grillforum im Internet. Es wurde geredet, gemeinsam vorbereitet, gegrillt, erklärt und gefachsimpel und viel gegessen ...

Ein gelungener Tag, der so viel Spaß machte, dass einige meinten, man solle gemeinsam an einer Grillmeisterschaft teilnehmen. Im Januar darauf traf man sich zum ersten Training für die Deutsche Grillmeisterschaft 2007 – das Team „TB & The BBQ-Scouts" war gegründet. Ab jetzt wurde monatlich trainiert. Jeder sollte zu diesen Zusammenkünften Vorschläge für Gerichte ausprobieren und den anderen vorstellen. Es wurde geplant, experimentiert, verworfen – ein fünfgängiges Wettbewerbs-Menü schüttelt sich nicht einfach aus dem Ärmel. Und zu den Gängen gehören mehrere Beilagen. Geschmack, Garstufe, Optik und Gesamtharmonie sind gleichermaßen ausschlaggebend. „Für den Bratwurstgang entwickelten wir in einem riskanten Unterfangen eine völlig neue Bratwurst, die neben Hackfleisch auch Krabben, Nüsse und Kokosmilch enthielt. Aber Bratwurst an Brötchen, das wäre für eine Meisterschaft zu wenig. Also tüftelten wir an einen sehr dünnen Brotfladen, ergänzten

den Geschmack kurzerhand durch Orangenmayonnaise, wickelten alles zusammen und fixierten das Rollo mit einem Streifen Orangenschale. Ein Salat dazu und unser erstes Gericht war entstanden", sagt Teamchef Thomas Brinkmann. Die Generalprobe war die Berliner BBQ-Meisterschaft, bei der die BBQ-Scouts auf Anhieb den zweiten Platz errangen. Zwei Wochen später der erste Titel: Bei der Deutschen Grillmeisterschaft im Mai 2007 wurde das Team noch ziemlich unverhofft Deutscher Grillmeister der Amateure. 2008 dann der Härtetest: die erste internationale Veranstaltung in der Nähe von Antwerpen, Belgien: Weltmeisterschaft. „Wir taten einfach, was wir am besten konnten", beschreibt Brinkmann die Stimmung bei der WM, „wir grillten und hatten Spaß, waren locker, aber trotzdem konzentriert und motiviert." Vielleicht fiel deshalb das Ergebnis auch so überzeugend aus: Erster Platz! Aus den BBQ-Scouts waren die Grill-Weltmeister geworden.

Von links nach rechts: Thomas Brinkmann (Teamchef), Thomas Zapp, Thomas Jensen, Uwe Wipfler, Andreas Oppermann, Per-Olof Daude, Alexander Schwab, Udo Gildehaus, Manfred Peters, Marco Greulich, Silvia Zapp

GRILLGERÄTE

Wer „richtig" grillen möchte, braucht einen guten Grill. Und der sollte verschließbar sein. Mindestens ein Kugelgrill ist nötig, um viele der Rezepte in diesem Buch nachzugrillen und seinen Gästen mehr zu präsentieren, als Kurzgebratenes und Wurst. Zunächst sollte man also die Frage klären: Was für ein Grill soll es sein? Abgesehen vom gewünschten Brennmaterial und dem zur Verfügung stehenden Platz ist das ganze auch eine Kostenfrage. Und nicht nur mit Grills kann man draußen kochen: Auch der Dutch Oven wird mit Kohlen betrieben und ergänzt die Outdoorküche.

OFFENER GRILL

Von diesem Grill wird in der Regel gesprochen, wenn es ums Grillen von Bratwurst und Holzfällersteaks geht. Mit diesem einfachen Gerät kennt sich jeder aus, und er ist überall in zahlreichen Varianten und Materialien zu bekommen, vom Grill an der Tankstelle bis hin zur Edelstahlvariante für 10 000 Euro. Leider sind offene Grills nicht besonders vielseitig, die Kohle hält nicht lange und man kann nicht indirekt darauf grillen. Daher eignet er sich vor allem für Kurzgebratenes, das oft gewendet werden muss. Achten Sie beim offenen Grill auf einen höhenverstellbaren Grill- oder Feuerrost und einen Windschutz.

SCHWENKGRILL

Ein Schwenkgrill besteht aus einem Dreibeingestell mit einem Seil oder einer Kette, an der der runde Rost befestigt ist, je nach Ausführung mit beweglicher Rolle und Verstellmechanismus ausgestattet, bisweilen sogar mit Kurbel. Der Schwenkgrill wird bevorzugt mit Buchenholz befeuert. Der Vorteil liegt darin, dass man den Grillrost über der Glut laufend in Bewegung halten kann und das Grillgut dadurch gleichmäßiger gart. Wie beim offenen Grill eignet sich der Schwenkgrill hauptsächlich für Kurzgebratenes. Er ist windanfällig und braucht viel Platz.

KUGELGRILL

Der Kugelgrill ist eine der größten Grill-Innovationen überhaupt. Erfunden wurde er Anfang der 1950er-Jahre vom Angestellten einer Bojenfabrik bei Chicago. Er hatte sich über die Nachteile des offenen Grillens geärgert und daraufhin einfach zwei alte Bojenhälften zu einem Grill umfunktioniert.

Mit der unteren Hälfte des Grills kann man wie gewohnt direkt über der Glut grillen. Es fehlt zwar die Höhenverstellung für den Rost, aber durch die Möglichkeit der Zuluftregelung unten am Grill kann man die Temperatur der Kohlen sehr gut kontrollieren. Und der Kugelgrill eröffnet auch die Möglichkeit, indirekt zu grillen: Platziert man die Kohlen seitlich und das Grillgut in der Mitte und setzt den Deckel auf, können auch mittelgroße Fleisch- und Geflügelstücke indirekt gegrillt werden, ohne dass das Grillgut verbrennt oder gewendet werden muss. Dabei ist der Kohlenverbrauch deutlich geringer als beim direkten Grillen, wo der Großteil der Energie ungenutzt nach oben entweicht.

Aufgrund der Kohlenanordnung und der Form des Grills stößt man beim indirekten Grillen mit dem Kugelgrill aber schnell an Kapazitätsgrenzen. Achten Sie beim Kauf auf einen abnehmbaren Aschebehälter an der Unterseite, der das Reinigen erleichtert.

SMOKER

Der Smoker in der lokomotivähnlichen Form, wie wir ihn heute kennen, wurde in den 1970er-Jahren von gelangweilten hungrigen Ölarbeitern in Texas erfunden. Aus Pipeline-Resten wurde aus einer Röhre als Hauptkammer sowie einer seitlich abgesetzten kleinen zweiten Röhre als Feuerkammer ein Grill für eine spezielle Form des indirekten Grillens gebaut. Mehr über das „Smoken", die Grillmethode, um die es bei einem echten Barbecue geht, erfahren Sie weiter vorne, auf den Seiten 15 und 16.

Smoker Ein „echter" Smoker ist ein großes und ziemlich unhandliches Gerät und kostet in guter Verarbeitung mindestens 1000 Euro. Und das ist dann nur die kleine Variante mit 40 Zentimeter (16 Zoll) Durchmesser. Der geringe Durchmesser führt zu einigen Nachteilen in der Temperaturverteilung, so dass diese kleinen Smoker nicht einfach zu bedienen sind. Investieren Sie besser in ein Gerät mit mindestens 50 Zentimeter (20 Zoll) Durchmesser, das vom Temperaturverlauf und der Bedienbarkeit bedeutend besser ist. Noch besser aber: Beginnen Sie mit einem Water-Smoker oder BBQ-Grill-Smoker. Diese Geräte sind vielseitiger und billiger als ein großer Smoker.

BBQ-Grill-Smoker Der BBQ-Grill-Smoker ist ein Smoker für den Hausgebrauch. Im Prinzip ist es ein der Länge nach halbiertes Fass, die obere Fasshälfte dient als Deckel und ist mit einem Scharnier befestigt. Im Deckel ist ein Thermometer, oft auch ein Schornstein untergebracht. Die untere Hälfte beherbergt eine meist höhenverstellbare Aschenschale mit Kohlenrost, die zum Reinigen herausgenommen werden kann. Temperaturregelung findet über Zu- und Abluft statt. Wenn die seitliche Feuerbox fehlt, kann man sie oft nachrüsten. Diese Grills sind sehr vielseitig, da man die gesamte Fläche zum direkten Grillen nutzen kann, aber wahlweise auch eine sehr große indirekte Grillfläche zur Verfügung hat. Ebenso kann man sich sehr bequem verschiedene Temperaturzonen einrichten und hat aufgrund der Form einen viel größeren effektiv nutzbaren Bereich als im Kugelgrill.

WATER-SMOKER

Ein Water-Smoker sieht aus wie ein stark in die Höhe gezogener Kugelgrill. Unten befindet sich die Kohlenschale. Dicht darüber liegt eine große Schüssel, in die man Wasser füllen kann. Sie lässt die heiße Luft und den Rauch nur an den Seiten vorbei und schirmt so das Grillgut vor der direkten Hitze ab. Über der Schüssel sind meist zwei Roste angeordnet, auf denen das Grillgut platziert werden kann. Durch das verdampfende Wasser bleibt die Temperatur im Garraum relativ konstant und niedrig. So kann man stundenlang Temperaturen im optimalen BBQ-Bereich von knapp über 100 Grad Celsius beibehalten. Die hohe Feuchtigkeit schützt das Grillgut vor dem Austrocknen. Bei leerer oder herausgenommener Schüssel kann man auch direkt oder indirekt grillen.

KERAMIKGRILL

Der Keramikgrill ist hierzulande noch recht unbekannt, und das obwohl die Ursprünge dieses in Asien als Kamado bezeichneten Grills über 3000 Jahre zurückliegen. Dieser früher aus Lehm, heute aus Hightech-Keramik gebaute Grillofen ist eins der ältesten Geräte zur Nahrungszubereitung. Durch die starke Hitzespeicherung können Sie hier sehr lange konstante Temperaturen halten, egal ob Sie bei 100 Grad Celsius BBQ machen wollen oder bei 400 Grad Celsius Steaks scharf angrillen oder Pizza backen. Gleichzeitig verbraucht ein solcher Grill aufgrund der Hitzespeicherung nur sehr wenig Kohlen, da im Vergleich zum Metallgrill nur wenig Luftdurchzug nötig ist. Das Grillgut trocknet nicht aus, bleibt unvergleichlich saftig. Mithilfe von Keramikplatten über der Glut lässt sich bei diesem Grill auch die gesamte Grillfläche, auch auf mehreren Ebenen, zum indirekten Grillen benutzen. Ein sehr schönes (und sehr teures) Gerät für Liebhaber, die das Besondere schätzen.

GASGRILL

Gasgrills gibt es in unzähligen Varianten. Meist sind sie eckig, haben einen Deckel und mehrere Brenner – es gibt aber auch Gaskugelgrills.

Es existieren zwei gängige Systeme auf dem Markt, von denen dasjenige mit Lavasteinen über den Brennern eindeutig das schlechtere ist. Hier dienen die porösen Steine als Hitzepuffer. Allerdings saugen sich diese sehr schnell mit Fett- und Marinaderesten voll, so dass der Grill immer unhygienischer wird und beim Aufheizen stark qualmt und stinkt.

Die bessere Lösung sind Brenner mit hitzeabweisenden Blechen, die wie ein

spitz zulaufendes Dach die Brenner abdecken. Aufgrund der großen Hitze verpufft hier herabtropfendes Fett sofort und sorgt dabei auch ein wenig für den typischen Grillgeschmack. Zwischen die Bleche tropfendes Fett wird oftmals in einer unter den Brennern liegenden, leicht zu reinigenden Schale aufgefangen. Relativ neu sind Gasgrills mit Infrarottechnik. Hierbei durchströmt das Gas einen Keramikblock, dessen enorme Infrarotleistung zum Grillen verwendet wird.

Achten Sie beim Gasgrill auf ein gutes Testurteil von Stiftung Warentest und sicherheitshalber auf CE- oder TÜV-Prüfzeichen. Auf dem Gasgrillmarkt gibt es sehr viele Blender, die zwar mit viel Edelstahl und einer Unzahl an Knöpfen sehr überzeugend aussehen, in der Praxis aber nicht viel unter der Haube haben, störanfällig sind und nicht lange halten. Manche Gasgrills sind sogar gefährlich.

Ein Gasgrill sollte mindestens drei, am besten sogar fünf Brenner besitzen, die von links nach rechts angeordnet sind. Dadurch wird das indirekte Grillen oder Einrichten verschiedener Hitzezonen erleichtert. Ein zusätzlicher Gasbrenner an der Seite kann nützlich sein, um Beilagen oder Sauce zu garen. Praktisch sind auch ein geschlossener Wagen (für die Gasflasche) und eine seitliche Ablage zum Unterbringen von Grillzubehör.

ELEKTROGRILL

Sofern eine Steckdose vorhanden ist, sind Elektrogrillgeräte eine bequeme und sichere Alternative, da es keine offene Flamme gibt. Jedoch kann man mit ihnen meist nicht indirekt grillen. Auch die erreichbaren Temperaturen sprechen gegen den Elektrogrill. Er stellt meist den Kompromiss dar, wenn es wegen Grillverbots in der Wohnanlage oder auf dem Balkon nicht anders geht. Wenn Sie sich für einen Elektrogrill entscheiden, sollten Sie darauf achten, ein Modell zu wählen, bei dem kein Fett auf die Heizstäbe tropfen kann.

DUTCH OVEN

Die Outdoorküche besteht nicht nur aus Grills, auf denen direkt oder indirekt gegart werden kann. Auch Töpfe und Pfannen gehören dazu. Eine jahrhundertealte Tradition hat der sogenannte Dutch Oven. Das ist ein gusseiserner Topf mit drei Füßchen, der zum Bereiten einer Mahlzeit direkt über das Feuer gestellt wird. In Europa früher weit verbreitet, ist er in den USA noch heute sehr beliebt. Varianten sind der ungarische Gulaschkessel und der südafrikanische Potjie.

Mit dem Dutch Oven kann man Suppen und Eintöpfe kochen, schmoren und braten. Sogar Kuchen und Brote können darin gebacken werden.

Die Kochfunktion Mit aufgelegtem Deckel direkt auf die Glut gestellt oder über dem Feuer aufgehängt, kann man Suppen und Eintöpfe kochen.

Die Bratfunktion Der Deckel kann umgedreht und mit der Außenseite direkt über die Glut gestellt werden. Die Innenseite des Deckels wird dann als Pfanne verwendet. Ideal zum Bereiten eines Frühstücks mit gebratenen Eiern und Speck.

Die Backfunktion Zum Backen wird Ober- und Unterhitze benötigt. Diese erreicht man im Dutch Oven dadurch, dass Glut sowohl unter dem Topf als auch auf dem Deckel platziert wird. Auf diese Weise können Sie Brote, Kuchen, Schmorbraten und Gratins zubereiten.

Größen Dutch Oven gibt es in verschiedenen Größen und Tiefen. Wichtigstes Maß ist der Durchmesser, der in Zoll angegeben wird. Die am häufigsten verwendeten Größen sind 10 und 12 Zoll. Ein Dutch Oven mit 12 Zoll Durchmesser hat ein Inhaltsvolumen von ungefähr sechs Litern und bietet 1500 g (Brot-)Teig oder Kartoffelgratin für sechs bis acht Personen Platz. Ein Rezept für ein solches Gratin finden Sie auf Seite 107.

Temperaturregelung Die Beheizung des Dutch Oven erfolgt üblicherweise mit Holzkohlebriketts, die unter den Topf und auf den Deckel gelegt werden. Die Temperatur ist abhängig von der Größe des Topfes, von der Außentemperatur und von der Qualität der Briketts. Steuern kann man die Temperatur über Anzahl und Verteilung der Briketts. Da die Gerichte meist mehr Oberhitze als Unterhitze benötigen, kann man als Faustregel davon ausgehen, dass $\frac{1}{3}$ der Briketts unten und $\frac{2}{3}$ oben platziert werden.

Beispiele: Bei einem 12-Zoll-Dutch-Oven werden für eine Temperatur von ungefähr 175 Grad Celsius 25 Kohlen benötigt, davon 17 auf dem Deckel und acht unter dem Topf. Für 220 Grad Celsius braucht man 31 Kohlen, 21 oben und zehn unten.

Zubehör und Hilfsmittel Zum Abnehmen des Deckels sollte ein Deckelheber vorhanden sein, eventuell lohnt ein Deckelständer – beides ist als Zubehör erhältlich. Des Weiteren benötigt man eine Kohlenzange (Grillzange aus Metall) zum Verteilen der Kohlen.

TIPPS FÜR GRILLKAUF UND PFLEGE

Wenn man sich entschieden hat, welchen Grilltyp man haben möchte, kann die Suche nach einem geeigneten Modell beginnen. Die regelmäßigen Tests von Stiftung Warentest geben eine gute Orientierung. Trotzdem sollte man sich auch selbst Gedanken über das bevorzugte Material und gewünschte Ausstattungsmerkmale machen, bevor man im Fachhandel, im Baumarkt oder Internet einkaufen geht.

MATERIAL

- Stahlblech emailliert: bei den meisten höherwertigen Grills verwendet; sehr pflegeleicht und unempfindlich, bei einigen Modellen sind jedoch keine Holzkohle, sondern nur Holzkohlebriketts verwendbar.
- Stahlblech lackiert: Material und Pulverbeschichtung sind hochtemperaturbeständig und kommen meist bei Smokern und BBQ-Grill-Smokern zur Anwendung, weil hier das noch beständigere Email zu teuer wäre.
- Edelstahl: rostet nicht, ist aber meist vergleichsweise teuer; hoher Reinigungsaufwand, um den glänzenden Edelstahllook zu erhalten. Edelstahl kann sich verziehen und läuft bei direktem Feuerkontakt oder wenn der Deckel nicht doppelwandig ist leicht blau an.

VERARBEITUNG

- Achten Sie auf eine gute, saubere Verarbeitung ohne scharfe Kanten und einen stabilen Stand des Grills. Die Blechstärke des Grills wird vom Hersteller oder Verkäufer oft in den Vordergrund gestellt, ist aber eigentlich nicht so entscheidend.

GRILLROSTE

- Das Grillrost sollte idealerweise klappbar oder mehrteilig sein, dann kommt man leichter an die Glut.
- Verchromte Stahlroste: Damit werden die meisten Grills geliefert. Sie gehen schnell kaputt, da die Chromschicht sich abzulösen beginnt, sind schwer zu reinigen und speichern wegen ihrer geringen Masse wenig Energie.
- Edelstahlroste: nicht billig, halten aber meist ein Grillerleben lang; leicht zu reinigen, nachteilig ist die Verzugsempfindlichkeit. Durch die geringe Masse speicher sie wenig Wärmeenergie.

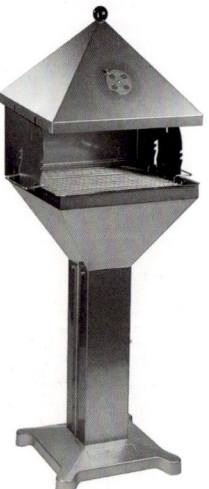

Wie grille ich richtig?

- Gusseisenroste: massiv und schwer; langlebig, speichern aufgrund großer Masse viel Energie, erzeugen leicht ein schönes Branding, unkompliziert mit Öl zu reinigen, gewinnen mit jeder Benutzung an Qualität, auch mit Porzellanemaillierung erhältlich und dann noch besser zu reinigen

WICHTIGE DETAILS

- Stabile Griffe sind wichtig zum sicheren Transport, besonders wenn der Grill heiß ist.
- Oft vergessen wird, dass man Ablageflächen für Grillwerkzeuge und Grillgut benötigt.
- Bei einem geschlossenen Grill sollte ein Thermometer nicht fehlen.
- Beim Kugelgrill auf Deckelhalterung oder -befestigung mit Scharnier achten, damit man den heißen Deckel nicht ablegen muss und beide Hände frei hat.
- Lieber einen größeren Grill anschaffen, über ein zu kleines Gerät ärgert man sich schnell.
- Falls Räder am Grill vorhanden sind, sollten sie nicht zu klein sein.

PFLEGE UND REINIGUNG

Grillkörper Bei emaillierten Grills reicht es, ihn mit einem Spüllappen und einem schonenden Spülmittel abzuwischen. Auch lackierte Grills reinigt man am besten so – niemals einen Stahlschwamm oder eine Stahlbürste einsetzen. Um beschädigte Stellen bei solchen Grills zu versiegeln, heizt man den Grill ordentlich auf und entfernt abgelösten Lack mit einer Messingbürste. Auf die beschädigten Stellen trägt man im heißen Zustand mit einem Lappen etwas Speiseöl auf und lässt es mindestens eine halbe Stunde einbrennen. Diese Stellen nach dem Grillen regelmäßig mit Öl behandeln.

Bei Edelstahlgrills reinigt man grobe Verschmutzungen am besten mit einer Messing- oder Edelstahlbürste, die noch nicht mit Rost in Berührung gekommen ist. Den Grillinnenraum grob abbürsten. Vorsicht, wenn sich viel Fett angesammelt hat: das kann zu Fettbrand führen.

Grillroste Besondere Aufmerksamkeit gilt den Grillrosten, da diese direkt mit den Lebensmitteln in Kontakt kommen. Man sollte alle Roste nach dem Grillen noch im heißen Zustand am besten mit einer Bürste grob reinigen. Gusseisenroste sollte man direkt nach der Reinigung mit Öl behandeln.

Bei grober Verschmutzung können Sie Roste (außer Gusseisen) in Papier einwickeln, das mit Wasser und Spülmittel befeuchtet ist. Nach ein paar Stunden löst sich selbst gröbster Schmutz.

Vor Auflegen des Grillguts immer den heißen Rost mit Bürste oder Lappen reinigen und anschließend Öl auftragen.

FEUER MACHEN

Das Schönste am Grillen ist für viele das Feuermachen. Wichtig dafür sind die Auswahl der richtigen Kohle, eines funktionierenden und sicheren Anzünders und Möglichkeiten, die Temperatur zu kontrollieren. Die Beschaffenheit eines guten Feuers mit gleichmäßiger Glut ist die Voraussetzung dafür, dass Roastbeef, Steaks und anderes Grillgut perfekt gelingen. Erfahrungsgemäß nimmt man sich für das Entzünden des Feuers nicht genügend Zeit und beginnt zu früh mit dem Grillen. Abwarten lohnt sich.

WAS BRENNT?

Gas Bei Gasgrills wird Propan oder Butan verbrannt, die meist in 5-kg- oder 11-kg-Flaschen angeboten werden. Diese Flaschen sind als Eigentums- oder Leihflaschen in Baumärkten oder im Fachhandel erhältlich.

Wenn Sie wissen möchten, wie hoch der Füllstand Ihrer Gasflasche ist, brauchen Sie dafür nur eine Tasse heißes Wasser. Lassen Sie das Wasser seitlich an der Flasche herunterlaufen und fühlen Sie dann die Temperatur der Flaschenwandung. Dort, wo das Blech warm ist, befindet sich kein Flüssiggas. Der Füllstand der Flasche ist genau am Übergang vom warmen zum kalten Blech.

Kohle Holzkohle lässt sich schneller entzünden als Briketts und wird in der Regel heißer (bis 700 °C) und eignet sich vor allem, wenn man kurz Gegrilltes wie Würstchen und Steaks zubereiten möchte. Man erkennt gute Holzkohle an der gleichmäßigen Stückelung der Kohle. Ein weiteres Indiz für die Qualität erhält man allerdings erst nach dem Brennvorgang: Je mehr Asche übrig bleibt, desto geringer war der Kohlenstoffanteil und desto geringer folglich auch die Güte. Empfehlung: Holzkohle aus Buchenholz, am besten aus nachhaltiger Forstwirtschaft. Beim Einkauf sollte man auf das Logo des FSC (Forest Stewardship Council) und das Logo DINplus für Kohle gemäß DIN EN 1860-2 achten.

Briketts Bei der Herstellung von Briketts werden Kohlestaub und kleine Stücke Kohle unter hohem Druck mit organischer Stärke als Klebstoff zu einem Brikett gepresst. Sie sind von gleichmäßiger Größe und erreichen daher eine einheitlichere Glut als Holzkohle. Dafür brennen Briketts schwerer an und benötigen längere Zeit, bis sich eine gleichmäßige Glut einstellt. Briketts glühen im Regelfall länger als Holzkohle, aber nicht so heiß. Dennoch empfehlen sich Briketts, wenn Sie mehrere Grillgerichte nacheinander zubereiten wollen, oder bei Grillgut mit langen Garzeiten. Es gibt auch Briketts, die aus Braunkohle hergestellt werden. Erfahrungsgemäß benötigen diese noch länger, um ein gleichmäßiges Glutbett zu bilden und erreichen meist auch nicht die Temperaturen von Briketts aus Holzkohle. Braunkohlebriketts erkennt man meist schon am Namen auf der Verpackung: Sie heißen nicht Holzkohlebriketts, sondern Grillbriketts.

Briketts (links) und Holzkohle (rechts)

Holz Der klassische Brennstoff für ein Grillfeuer ist Holz. Zum direkten Grillen ist Holz nicht zu empfehlen – dafür gibt es Holzkohle oder Holzkohlebriketts. Aber im BBQ-Smoker, der mit Holz befeuert wird, ist das verwendete Holz entscheidend für das Raucharoma – eine Übersicht finden Sie auf Seite 238. Besonders zu empfehlen ist trockenes Buchenholz. Tabu ist nasses, harzendes, gerbsäurehaltiges oder gar behandeltes Holz. Übrigens muss man auch beim Grillen mit einem geschlossenem Holzkohle- oder Gasgrill nicht auf die aromatische Holznote verzichten. Zum sogenannten Smoken werden, wenn man nicht selbst Holz hacken möchte, Holzschnitzel, Holzstücke und Räuchermehl im Grill-Fachhandel angeboten, die zum Beispiel mit Whiskey oder Rotwein aromatisiert sind.

TIPP

Auch wenn das Gerät Smoker heißt – wenn es richtig qualmt und stinkt, haben Sie etwas falsch gemacht. Der ideale Rauch aus dem Schornstein ist der, den man fast nicht sieht: sehr fein und hellblau. Qualmt es, handelt es sich um Ruß und Dreck, und der wird dann auch an Ihrem Grillgut haften. Für einen sauberen Rauch brauchen Sie ein nicht zu großes, heiß und sauber brennendes Feuer aus kleinen Hartholzscheiten, die Sie auf dem Deckel der Feuerbox vorwärmen.

ANZÜNDEN

Holz und Holzkohle sind von Haus aus nicht leicht entflammbar und benötigen Zündhilfen. Auf dem Markt existieren viele unterschiedliche Grillanzünder, feste und flüssige. Wir empfehlen ihnen biologische Anzünder und einen Anzündekamin. Damit klappt's am besten.

Chemische Anzünder Damit flüssige Anzünder effektiv arbeiten, sollte man sie vor dem Anzünden einige Minuten in die Kohlen einwirken lassen. Wenn schon unbedingt chemische Anzünder zur Anwendung kommen sollen, sollten diese vollständig abgebrannt sein, bevor Fleisch oder Gemüse auf den Grill wandert. Sonst geben sie ihren intensiven Geruch an das Grillgut ab. Brandbeschleuniger wie beispielsweise Spiritus oder Benzin haben beim Anzünden des Grillfeuers nichts verloren, da Stichflammen und Verpuffungen entstehen können. In Deutschland ereignen sich pro Jahr über 3000 Grillunfälle, einige hundert davon mit zum Teil schwersten Verbrennungen.

Anzündkamin Um ein gutes Feuer zu entfachen, benutzt man am besten ein, zwei ökologische Anzünder aus Holzwolle und einen Anzündkamin aus dem Grillfachhandel oder Baumarkt – der kostet zwischen zehn und 30 Euro. Von oben füllt man die Holzkohle beziehungsweise -briketts hinein, und von unten werden diese mit einem Grillanzünder befeuert. Durch die Kaminwirkung glühen die Kohlen innerhalb von 20 bis 30 Minuten vollständig durch und sind einsatzbereit. Dann schüttet man die Kohlen in den Grill.

Holz anzünden Wenn Sie Holz entzünden wollen, sollten Sie um den brennenden Anzünder am besten nur dünne Scheite verwenden. Wenn diese brennen, kann man Brennstoff nachlegen und die größeren Hölzer entzünden sich leichter. Wichtig dabei ist, dass dem Feuer genügend Luft zugeführt wird. Deswegen gilt: Das Holz nicht zu dicht auflegen! Bis das Grillfeuer aus Holz ein ausreichendes Glutbett entwickelt hat, können schon ein bis zwei Stunden vergehen, es ist also etwas Geduld gefragt.

„Geheimtipps" Oftmals hört man, dass als Anzündhilfe Eierkartons oder Zeitungspapier verwendet werden sollten. Davon ist abzuraten, da Restestückchen und Asche durch die Luft wirbeln, Nachbarn und Gäste belästigen und unter Umständen andernorts ungewollt Feuer entzünden können. Eine saubere und effiziente Methode ist das Anzünden mit einer Heißluftpistole, diese setzt jedoch einen Stromanschluss in Grillnähe voraus.

GRILLEN!

Ein gutes Grillfeuer hat so gut wie keinen Rauch, sondern sehr viel rote Glut, die mit einer weißen Ascheschicht überzogen sein sollte. Je heller die Glut, desto heißer ist das Feuer. Die Glut sollte mittel- oder dunkelrot sein, also nicht übermäßig heiß (hellrot). Wichtig ist, dass die Glut großflächig und gleichmäßig vorhanden ist. Wenn man die Hand noch etwa zwei, drei Sekunden über den Rost halten kann (~ 250 °C), ist die Temperatur für das Angrillen erreicht.

Nach kurzem Angrillen sollte man das Grillgut von der Hitzequelle entfernen oder bei geschlossenen Grillsystemen die Luftzufuhr drosseln, um die Temperatur zu senken. Das Regulieren der Temperatur ist eine der größten Herausforderungen beim Grillen. Um diese zu kontrollieren, sollten gute Grillgeräte über ein Thermometer verfügen. Hat man ein solches Messgerät nicht zur Hand, hilft es, die Temperatur zu schätzen. Hierzu gibt es mehrere Vergleichsmethoden. Man hält beispielsweise eine Hand circa zehn Zentimeter flach über den Grillrost und zählt die Sekunden, bis man die Hand aufgrund zu großer Hitze wieder wegnehmen muss. Die Tabelle auf Seite 238 hilft bei der Orientierung.

SICHERHEIT – 10 HEISSE TIPPS

Immer wieder passieren Unfälle beim Grillen – aber wenn Sie folgende Regeln beachten, sind sie auf der sicheren Seite:

- *Auch wenn es heiß ist, sollten Sie lange Hosen und festes Schuhwerk tragen.*
- *Sorgen Sie beim Grill für einen festen Stand, damit er nicht umfällt. Kinder sollten nicht in der Nähe des Grills spielen.*
- *Zum Anzünden sind Spiritus oder Benzin als „Starthilfe" in jedem Fall tabu.*
- *Achten Sie beim Entzünden des Brennstoffes darauf, dass in der Nähe nichts leicht Brennbares steht, das sich durch Funkenflug entzünden kann.*
- *Beim Einfüllen des durchgeglühten Brennstoffes aus einem Anzündekamin sollten Sie feuerfeste Grill-Handschuhe tragen (siehe Seite 28).*
- *Beim offenen Grillen am Lagerfeuer sollten Sie die Feuerstelle mit Steinen begrenzen oder eine Feuerschale verwenden, damit es nicht zu einer Ausbreitung der Flammen kommen kann.*
- *Solange gegrillt wird, muss der Grill fortwährend beobachtet werden.*
- *Sollte es durch herabtropfendes Fett zu Fettbrand kommen, niemals mit Wasser löschen. Am besten erstickt man das Feuer. Bei einem Grill mit Deckel genügt es meist schon, das Gargut zur Seite zu ziehen und den Deckel zu schließen.*
- *Bei offenem Feuer besteht trotz aller Vorsichtsmaßnahmen immer ein Risiko, auf das Sie vorbereitet sein sollten. Ein kleiner Feuerlöscher und eine Brandschutzdecke sollten bereit liegen. Sand und Wasser sind ebenfalls hilfreich.*
- *Zum Löschen der Glut sollte ein Metalleimer mit Deckel bereitstehen, in den Sie die heiße Asche einfüllen können. Verlassen Sie niemals den Grillplatz, wenn Sie nicht sicher sind, dass die Glut vollständig gelöscht ist.*

Wie grille ich richtig?

VERTRAUEN IST GUT …

Wenn Ihr Grill ein eingebautes Thermometer hat, ist das schon mal ein großer Vorteil. Allerdings nur, wenn dieses auch halbwegs genau anzeigt. Darum sollten Sie Ihr Thermometer von Zeit zu Zeit überprüfen.

Meist sind solche Thermometer nur mit einer Mutter von innen gesichert. Bringen Sie etwas Wasser in einem Topf zum Kochen und halten Sie den Fühler des Thermometers hinein. Zeigt er 100 Grad Celsius an, ist das Thermometer genau. Bei starker Abweichung sollten Sie, sofern möglich, das Thermometer nachjustieren oder es gegen ein neues austauschen.

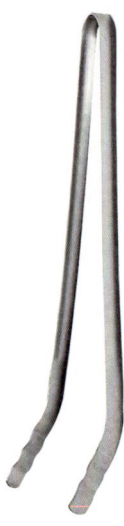

DAS RICHTIGE ZUBEHÖR

Es scheint, als käme jedes Frühjahr neues Zubehör auf den Markt, das Grillen noch leichter, schneller oder besser machen soll. Vermeintlichen Wünschen wird mit einem tollen neuen technischen Spielzeug Genüge getan – vor allem weil Mann am Grill in der Regel auf solche Spielereien steht. Aber was ist außer Grill und einem Anzündekamin nützlich, was brauchen Sie wirklich? Was wir Ihnen jetzt schon sagen können: Hände weg vom 30-Euro-Grillkoffer mit 107 Teilen!

LANGSTIELIGE GRILLZANGE

Eine langstielige Grillzange aus Edelstahl ist das wichtigste Grillzubehör – besorgen sie sich am besten zwei. Eine um Grillgut zu wenden, die zweite um Kohle, Grillroste und andere „schmutzige" Dinge zu bewegen und festzuhalten. Verzichten Sie auf Gabeln. Durch den Einstich läuft der Saft aus dem Fleisch und das Grillgut trocknet aus.

OFEN- ODER GRILLHANDSCHUHE

Sie sind nützlich und wichtig, wann immer es am Grill heiß hergeht, beispielsweise um Kebabs und Schaschlik zu wenden oder vom Grill zu nehmen, besonders bei metallenen Spießen. Verwenden Sie sie, um in Alufolienpäckchen Gegrilltes zu bewegen und heiße Tropfschalen anzufassen. Mit guten Grillhandschuhen lassen sich kurzzeitig auch glühende Kohlen in die Hand nehmen. Halten Sie im Baumarkt nach Schweißerhandschuhen Ausschau.

DRAHTBÜRSTEN

Drahtbürsten machen das Reinigen des Grills ziemlich bequem. Am besten fangen Sie sofort nach dem Ende des Grillens an. Wenn Sie den Grill im Anschluss zu lange ungereinigt lassen, trocknen die Hinterlassenschaften am Rost stärker an, und die Reinigung wird zu einer größeren Herausforderung. Eine Drahtbürste, am besten aus Messing, kann auch zwischendurch genutzt werden, um Reste zu entfernen, ehe der nächste Gang aufgelegt wird.

Metallschaber sind ebenfalls nützlich und ähnlich im Gebrauch, allerdings sollten diese nicht bei Gussrosten zum Einsatz kommen. Oftmals gibt es Kombinationen von Drahtbürsten mit Metallschabern. Aber geben Sie nicht zu viel für Luxusmodelle aus, denn Grilldrahtbürsten sind schwer zu reinigen. Günstige Exemplare lieber öfter zu ersetzen, ist eine nervenschonende Devise. Messingdrahtbürsten bekommen Sie beispielsweise im Baumarkt.

KOCHPINSEL

Halten Sie mehrere vorrätig. Nutzen Sie einen, um den Grillrost und andere Oberflächen einzuölen, und mindestens einen weiteren als Saucenpinsel. Wenn Sie verschiedene Lebensmittel mit unterschiedlichen Saucen und Marinaden einstreichen möchten, dann ist es die Überlegung wert, verschiedene Pinsel zu nutzen, denn die verschiedenen Aromen aus dem Pinsel herauszuwaschen, ist aufwendig. Geben Sie aber nicht zu viel Geld für dieses Zubehör aus. Egal welchen Pflegeaufwand Sie betreiben, diese Pinsel halten meist nicht lange. Silikonküchenpinsel sind gut geeignet und lassen sich leichter reinigen, sind aber auch hitzeempfindlicher. Oder Sie basteln sich selbst Pinsel, beispielsweise aus Rosmarinzweigen wie auf dem Foto rechts (Tipp Seite 213)

SPIESSE

Spieße gibt es in unzähligen Variationen. Sie lassen sich in zwei große Kategorien einteilen: lange Metallspieße und kurze Bambusspieße. Wenn Sie Metallspieße kaufen, suchen Sie nach breiten flachen „Klingen". Runde sind meist nutzlos, denn steht das Wenden an, drehen sie sich oft im Grillgut, anstatt das Gut mitzuwenden. Verfügen die Spieße über keinen isolierten Griff, benutzen Sie Handschuhe, um sie anzufassen. Bambusspieße sind ideal für empfindlicheres Gut, das kürzere Grillzeiten benötigt. Sie sind günstig und meist in Packungen zu 50 oder 100 Stück und in verschiedenen Formen und Größen erhältlich. Legen Sie Bambusspieße immer mindestens 30 Minuten in Wasser ein, ehe Sie sie benutzen, damit sie nicht so leicht verbrennen. Im Asialaden gibt es meist eine große und günstige Auswahl.

PFANNENWENDER ODER SPATEL

Ideal um empfindliches Grillgut anzuheben, das andernfalls zerbrechen würde, wenn man eine Grillzange verwendet. Kaufen Sie einen mit möglichst großer Schaufel, mit ihr kommen Sie unter das ganze Grillgut, ohne ein Teil überhängen und eventuell abbrechen zu lassen. Ein großer Spachtel aus Edelstahl, wie ihn Maler verwenden, ist eine gute Wahl. Bewährt haben sich auch sogenannte Fischwender, mit ihrer breiten Fläche lassen sich auch große Bratenstücke bewegen.

FLEISCHTHERMOMETER

Ein Fleisch- oder Bratenthermometer misst die Temperatur in der Mitte des Grillguts (Kerntemperatur). So stellt man fest, ob es den gewünschten Gargrad erreicht hat. Bei größeren Fleischstücken oder ganzen Hähnchen ist das am wichtigsten. Es gibt Thermometer in analoger und digitaler Ausführung. Die elektronischen Geräte haben meist noch weitere nützliche Funktionen wie Garstufenalarme oder Zeitmessung. Wichtig ist eine ausreichende Genauigkeit. Ein ungenaues Thermometer kann den Unterschied zwischen einer gelungenen Mahlzeit und einem Desaster ausmachen. Testen Sie die Genauigkeit in Eis- und kochendem Wasser (0 beziehungsweise 100 Grad Celsius). Ein oder zwei Grad Differenz sind nicht ausschlaggebend, aber größer sollte die Abweichung nicht sein. Angenehm ist es, wenn das Thermometer eine dünne Spitze hat, damit durch das Einstechen nicht unnötig Flüssigkeit aus dem Grillgut austritt und das Thermometer möglichst rasch reagiert – denn dann müssen Sie den Deckel nicht so lange öffnen und die Temperatur im Grill sinkt nicht zu stark ab.

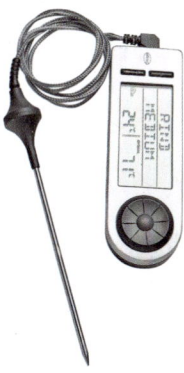

GRILLFESTE OHNE STRESS

Das Schöne beim Barbecue ist das gemeinsame Beisammensein unter freiem Himmel an einem lauen Sommerabend (obwohl Weltmeister natürlich auch im Winter grillen). Damit aber alles entspannt abläuft, sollte man ein wenig planen und auch die Nachbarn in seine Überlegungen einbeziehen – oder sie gleich einladen.

PLANUNG EINES GRILLMENÜS

Wenn Sie ein Grillfest planen, denken Sie zunächst an Ihre Gäste. Es gehört zum guten Ton, wenn gegrillt wird auch an Vegetarier zu denken. In diesem Buch finden Sie dafür viele Anregungen. Auch auf andere Neigungen oder religiöse Verbote sollte man achten, weder Schweinefleisch, Rindfleisch oder Lammfleisch ist überall beliebt.

Anfangs sollte man den Kreis seiner Gäste klein halten und erst mit mehr Erfahrung die Anzahl der Gäste vergrößern. Ein Tipp aus der Erfahrung: Nicht jeder Gast erwartet bei einer Einladung, Experimente serviert zu bekommen. Am besten vorher üben, desto entspannter geht man die ganze Sache an.

Pro Person rechnet man mit 500 bis 600 Gramm rohen Zutaten. Frauen geben sich oft mit weniger zufrieden, Männer langen gern mehr zu. Oft kauft man zu große Mengen. In dem Bild oben links sieht man die Menge, die für 4 Personen bereits ausreichend sein sollte (ungefähr 2,5 Kilogramm Lebensmittel).

Auch das Grillgerät muss man in die Überlegungen einbeziehen: Steht nur direkte Grillfläche zur Verfügung, verbringt man viel Zeit am Grill. Bei indirekter Grillfläche kann man sich mehr Zeit für die Gäste nehmen oder nebenbei andere Gerichte vorbereiten. Vorportionierte Beilagen benötigen verhältnismäßig viel Grillfläche, große Bratenstücke hingegen wenig Fläche, diese muss aber indirekt sein.

PLANUNGSHILFE

5 Tage vorher
- *Gästeliste schreiben*
- *Überlegung: Welche Grills und Geräte mit welchen Kapazitäten, Stärken und Schwächen stehen zur Verfügung?*
- *Erarbeitung der Menüfolge, dabei – sofern bekannt – die Ernährungsgewohnheiten der Gäste berücksichtigen*
- *Erstellung einer Einkaufsliste*

3 Tage vorher
- *Vorbestellung der Lebensmittel*
- *Eventuell erste Vorbereitungen*

Vortag
- *Einkauf*
- *Vorbereitung und Zubereitung: z. B. Rubs, Marinaden, Grillsaucen, evtl. Teige*

Tag des Grillfestes
- *Aufbau*
- *Vorbereitungen/Zubereitung, Grundregel: Planen Sie mehr Zeit ein, als Sie denken.*

DIE LIEBEN NACHBARN

Mit der schönen Jahreszeit beginnt die Grillsaison – und nicht selten der Streit zwischen Nachbarn. Eine klare gesetzliche Regelung existiert nicht, mit Ausnahme von Nordrhein-Westfalen und Brandenburg. Dort ist das Grillen nach den Landesimmissionsschutzgesetzen verboten, wenn dadurch unbeteiligte Nachbarn etwa durch Eindringen von Qualm und Rauch in deren Wohn- oder Schlafräume „erheblich belästigt" werden. Grundsätzlich ist der Freizeitspaß aber auch auf Balkonen oder in Mehrfamilienhäusern nicht verboten. Ob dort auch mit Holzkohle gegrillt werden kann, sehen die Gerichte mal so und mal so. Auch wie oft gegrillt werden darf, wird unterschiedlich beurteilt. Das Amtsgericht Bonn meinte, von April bis September dürfe einmal monatlich auf dem Balkon gegrillt werden. Allerdings müssten die Mitbewohner im Haus über das Vorhaben 48 Stunden im Voraus informiert werden. Geringfügige Rauchentwicklung und Grillgerüche müsse der Nachbar hinnehmen (AZ 6 C 545/96). Das Landgericht Stuttgart hingegen erlaubte geringfügige Rauchentwicklung und Gerüche nur dreimal im Jahr. Dabei dürfen jedoch keine Rauchschwaden in die Nachbarwohnung ziehen (AZ 10 T 359/96).

Das Landgericht München I gab einem Gartenbesitzer recht, dessen Nachbarn einmal pro Woche den Grillduft in ihrer Wohnung hatten. Die Nachbarn hätten darlegen müssen, dass die Werte der Richtlinie „TA Luft" überschritten wurden. Oder sie hätten Zeugen dafür nennen müssen, dass die Störung unzumutbar war. Der Geruch allein reiche nicht (AZ 15 S 22735/03).

In Nachbarschaftsstreitigkeiten ist der Ausgang einer Klage vom Einzelfall abhängig und oft nicht vorhersehbar. Mieter und Nachbarn sollten untereinander lieber eine außergerichtliche Lösung suchen. Und nehmen Sie gegenseitig Rücksicht: Grillen Sie indirekt im geschlossenen Grill und benutzen Sie geruchsarme Grillanzünder. Am besten aber laden Sie Ihre Nachbarn einfach zur Grillparty ein oder lassen Sie hin und wieder etwas probieren.

GESUNDHEIT

Prinzipiell ist das Grillen eine gesunde, nährstoffschonende Zubereitungsmethode, wenn man ein paar Regeln beachtet:

- *Vor allem der Rauch von offenem Feuer enthält viele polyzyklische aromatische Kohlenwasserstoffe (PAK), die krebserregend sind. Benutzen Sie kein feuchtes oder harzreiches Holz zum Anzünden. Lassen Sie den Brennstoff richtig durchglühen, bevor Sie Grillgut auflegen.*
- *Wird zu lange zu heiß gegrillt, schmeckt es nicht. Außerdem entstehen krebserregende heterozyklische aromatische Amine.*
- *Setzen Sie so oft wie möglich die indirekte Grillmethode ein, da Flüssigkeiten hierbei nicht in das Feuer tropfen und sich kein gefährlicher Rauch bilden kann.*
- *Tupfen Sie Marinaden vor dem direkten Grillen gut ab, sonst verbrennen sie.*
- *Grundsätzlich verbrannte Stellen großzügig abschneiden.*
- *Besprühen Sie das Grillgut beim direkten Grillen nicht mit Flüssigkeiten (Bier, Wein). Das führt zur Bildung von Polyzyklischen aromatischen Kohlenwasserstoffen.*
- *Grillen Sie kein gepökeltes Fleisch (Kasseler oder Leberkäse) oder gepökelte Würste (beispielsweise Wiener). Bei hohen Temperaturen bilden sich Nitrosamine, die in großen Mengen das Risiko für Magenkrebs erhöhen.*

GUTES GRILLGUT

Ob Fisch oder Fleisch, ist Geschmackssache. Brust oder Keule auch, sagt man, aber die Wahl des richtigen Stücks für eine bestimmte Garmethode ist entscheidend für das Gelingen eines Gerichts. Auch manches Gemüse eignet sich besser als anderes: Also Augen auf beim Grillgutkauf! Eine Warenkunde für künftige Weltmeister am Grill.

FISCH

Wer regelmäßig test liest, weiß, dass wir Fisch aus nachhaltiger Fischerei bevorzugen. Das blaue Siegel des Marine Stewardship Councils (MSC) ist vertrauenswürdig und kennzeichnet zertifizierte Produkte, für die der Bestand nicht überfischt wird. Auch sogenannte Aquafarmen sind nicht der Weisheit letzter Schluss, da die Fische eng beieinanderleben, sich mit Krankheiten infizieren und dann mit Antibiotika behandelt werden müssen – oft sogar vorsorglich. Versuchen Sie; Bioprodukte einzukaufen, und greifen Sie bei Süßwasserfischen lieber auf heimische Ware als auf eingeflogene Fische wie Tilapia oder Pangasius zurück.

EINKAUF

Einige Fische verhalten sich gutmütiger auf dem Grill als andere. Ein Stück Lachs muss nicht exakt auf den Punkt gegart werden, er schmeckt auch leicht übergart. Thunfisch (Foto links) hingegen mag am liebsten nur ganz kurz von jeder Seite angegrillt werden. Er ist dann im Kern noch fast roh. Kriegt er zu viel Hitze, wird er grau und trocken. Wenn Sie den Fisch noch fast roh essen wollen, sollte er absolut frisch sein (Sashimi-Qualität).

FRISCHE ERKENNEN

Wenn man sagt, Fisch sollte möglichst frisch sein, ist das ohne Zweifel richtig. Aber erstaunlicherweise sollte auch Fisch reifen. Bei Fischen, die auf großen Trawlern sofort eingefroren werden, findet diese Reife nicht statt. Andererseits: Da Fisch sehr schnell reift, verdirbt er auch sehr schnell – ähnlich wie bei Geflügel. Daher ist es wichtig, die Frische eines Fisches erkennen zu können. Das gelingt am einfachsten an einem vollständigen

Tier: Die Augen sollten klar und nach außen gewölbt sein, die Kiemen hellrot und feucht. Geht die Farbe gegen gelb oder braun, sollte man die Finger davon lassen. Drücken Sie mit dem Finger auf den Körper des Fisches: Leicht elastisches Zurückfedern signalisiert Frische. Bei Filets ist die Frische allerdings nicht so leicht zu beurteilen. Da hilft noch die Druckprobe und natürlich der Geruchssinn – frischer Fisch riecht nicht nach Fisch!

FISCHE ZUM GRILLEN

Da Fischfleisch im Gegensatz zum Fleisch von Landtieren einen anderen Aufbau und weniger Bindegewebe hat, sollte man beim Grillen Fischsorten wählen, deren Fleisch recht fest ist. Fische mit höherem Fettgehalt trocknen nicht so schnell aus und lassen sich daher meist leichter und geschmackvoller grillen.
Lachs, Forelle, Dorade, Schwertfisch, Heilbutt, Makrele, Aal, Seeteufel und Thunfisch eignen sich gut zum Grillen auch ohne Hilfsmittel.
Barsch, Zander, Schellfisch oder Seelachs sind deutlich fettärmer und sollten deshalb vorsichtiger behandelt werden.

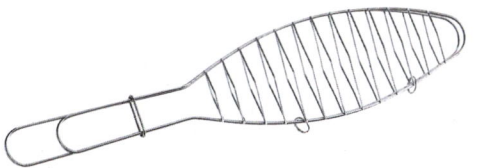

Ganze Fische können mithilfe eines Fischkorbs besser gewendet werden. Haben Sie keinen Fischkorb, ölen Sie den Rost gut ein; Dorade, Forelle, Saibling, Lachs, Makrele, Hering wie auch Scholle und Steinbutt können gut als ganze Fische gegrillt werden.
Fischsteaks Stücke aus dem Querschnitt des Fischs sollten auf beiden Seiten kurz angegrillt, im Inneren aber nicht durchgegart werden. Steaks stammen von großen Fischen wie beispielsweise Thunfisch, Schwertfisch, Lachs und Haifisch.
Fischfilets Stücke aus dem Längsschnitt des Fischs, gewöhnlich von Gräten befreit, aber mit Außenhaut; bei mäßiger bis hoher Hitze auf der Hautseite angrillen, kurz wenden und indirekt (also nicht über der Glut) bis zur gewünschten Kerntemperatur grillen; Lachs, Wels, Seeteufel, Scholle, Stein- und Heilbutt liefern Filets, die sich gut grillen lassen.

SO WIRD'S GEGRILLT

Wer schon einmal Fisch gegrillt hat, hat ihn am Ende vielleicht als „Fetzenfisch" vom Rost geschabt. Um das zu vermeiden, sind sogenannte Fischkörbe (Foto unten) hilfreich, in die der Fisch eingespannt wird. Ölen Sie den Fischkorb vorher ein, damit sich der Fisch später besser lösen lässt. Bei größeren Fischen probieren Sie es mal mit dem folgenden Tipp.

TIPP

Wenn man eine halbierte Kartoffel oder eine geviertelte Zitrone in den Bauchraum größerer Fische steckt, bleibt dieser stabil auf dem Rost stehen. Durch die geringe Kontaktfläche klebt er nicht fest. Ein Beispiel in diesem Buch ist der gegrillte Saibling auf Seite 149.

Garnelen machen sich vorzüglich auf dem Grill: roh (links), gegart (rechts)

KERNTEMPERATUREN

Beim Garen verändert sich das Eiweiß durch Gerinnung. Dieser Prozess beginnt bei 56 Grad Celsius. Das Aussehen des Fleischs verändert sich von leicht glasig bis weiß. Zumindest bei ganzen Fischen kann man den Gargrad auch ohne Kerntemperaturmessung bestimmen: Die Rückenflosse sollte sich leicht mit den Fingern herausziehen lassen.

Ansonsten hilft auch hier das Thermometer. Je nach Sorte unterscheiden sich die unten angegebenen Kerntemperaturen ein wenig:

56 °C: glasig
58 bis 60 °C: gerade gar
60 bis 64 °C: gar
70 °C: übergart

FISCHGRILLTIPPS

- Die Roste müssen moderat heiß und direkt vor dem Auflegen geölt sein. Dazu mit der Grillzange ein Küchenpapier in eine Schale mit Speiseöl tunken und den Grillrost damit bestreichen.
- Den Fisch so lange auf jeder Seite liegen lassen, bis er sich selbstständig vom Rost löst. Dann am besten mit Palette oder Spachtel bewegen.
- Die richtige Temperatur ist wichtig, es sollte nie zu heiß sein. Deshalb ist indirektes Grillen oft günstiger.
- Falls Sie Fische mit sehr weichem Fleisch grillen wollen, legen Sie diese besser in eine geölte Grillschale oder packen diese in Alufolie ein. In die Folie können Sie auch noch Knoblauch, Kräuter, Zitronensaft oder einen Schuss Weißwein geben. Das typische Grillaroma bleibt allerdings auf der Strecke.
- Fische, z. B. Forellen, lassen sich in einem geschlossenen Grillsystem auch selber räuchern. Die Zubereitung ist ähnlich wie beim Smoken, es empfiehlt sich aber der Einsatz von Räuchermehl bei geschlossenem Deckel des Grills.
- Wenn Sie Fisch vorher marinieren, sollten Sie darauf achten, dass Sie nicht zu viel Zitronensäure verwenden. Die Zitronensäure macht weiches Fischfleisch zusätzlich sehr brüchig.
- Wenn Sie Fleisch und Fisch gemeinsam grillen wollen, sollten Sie an die unterschiedlichen Garzeiten denken, da diese bei Fisch deutlich kürzer sind.
- Bereiten Sie Ihren Fisch doch einmal auf einer Zedernholzplanke zu (siehe Rezept Seite 153). Der Fisch bekommt hierdurch eine aromatische Note und gelingt Ihnen einfach und saftig.

DER NASENSPITZENTEST

Es sind nur ein paar Grad Kerntemperatur, die ein saftiges rosa Steak von einer Schuhsohle trennen. Haben Sie kein Thermometer, können Sie den Gargrad von Hand ermitteln.

Drücken Sie sich mit dem Zeigefinger auf die Oberlippe und danach genauso mittig auf das Steak. Wenn sich Ihr Steak anfühlt wie die Oberlippe, ist es noch lange nicht gar. Fühlt sich Ihr Steak dagegen hart an wie Ihre Stirn, dann ist es schon „well done" oder sogar übergart. Fühlt sich Ihr Steak dagegen wie Ihre Nasenspitze an, sollte es genau „medium" sein.

Trocken gereiftes T-Bone-Steak (oben) und vakuum gereiftes Rib-Eye-Steak (unten)

RIND

Bei Rindfleisch denken viele als Erstes an Steaks – und daran, dass dieses meist teure Fleisch auch sehr leicht zur Schuhsohle wird, wenn man es falsch behandelt. Beachtet man beim Zubereiten von Rindfleisch allerdings einige Punkte, grillen Sie sich mit ein wenig Übung auf dem heimischen Grill bald dermaßen gute Steaks, dass Sie jedes Steakhouse links liegen lassen.

EINKAUF

Beim Metzger oder an der Fleischtheke im Supermarkt wird zumeist heimisches Fleisch von der Färse (weibliches Rind, das noch nicht gekalbt hat) oder dem Jungbullen angeboten, wobei die Färse immer vorgezogen werden sollte. Leider ist in Deutschland die Rinderzucht des Fleisches wegen eher selten, da die meisten Landwirte Milchvieh züchten. Das Fleisch dieser Tiere eignet sich nur bedingt für Steaks und Braten.

Achten Sie beim Kauf auf die Farbe, denn die sollte möglichst pink bis kirschrot sein, das Fett dagegen strahlend weiß. Braunes Fleisch mit gelbem oder braunem Fett hat seine beste Zeit weit hinter sich. Ist es zu blass, ist das Fleisch noch zu frisch und nicht lang genug gereift. Das Fleisch sollte zwar feucht sein, auf keinen Fall aber nass oder gar klebrig.

Ist das Fleisch innen von möglichst vielen kleinen Fettadern durchzogen, greifen Sie zu. Dieses intramuskuläre Fett, auch Marmorierung genannt, schmilzt beim Garen langsam weg und sorgt für zartes, saftiges und geschmackvolles Fleisch. Am Rand können Sie auf viel Fett allerdings verzichten.

Bei abgepacktem Fleisch hat man meist nur wenig Möglichkeit, die Qualität optisch abzuschätzen. Die Marmorierung kann man allerdings zumeist erkennen. Sie sollten darauf achten, dass das Fleisch beim Drücken etwas nachgibt, dann aber gleich wieder zurückfedert.

REIFUNG DES FLEISCHS

Rindfleisch ist eine der wenigen Fleischsorten, bei der Frische nicht unbedingt vorteilhaft ist, denn die Enzyme brauchen ihre Zeit, bis sie das Fleisch richtig mürbe machen, die sogenannte Fleischreifung. Fragen Sie beim Kauf nach Art und Dauer der Reifung. Trocken gereiftes Fleisch ist besser (und viel seltener) als im Vakuumbeutel gereiftes – das T-Bone-Steak links oben ist trocken gereift, das Rib-Eye links unten vakuumgereift. Man sieht den Unterschied. Zwei, besser drei Wochen sollte das Fleisch mindestens gereift sein.

STEAKS

Filetsteak Ein Filetsteak ist das zarteste und teuerste Stück vom Rind und ein ganz besonderer Genuss. Filetsteaks werden oftmals mit Bacon umwickelt, um sie etwas in Form zu halten und das sehr magere Fleisch vor dem Austrocknen zu schützen.

Rumpsteak Das Rumpsteak ist eine Scheibe vom Rückenstück, auch Roastbeef genannt. Es trägt am Rand meist eine Fettschicht, die vor dem Grillen auf etwa fünf Millimeter zurückgeschnitten werden sollte.

T-Bone-Steak Das T-Bone-Steak ist das Beste aus beiden Welten. Ein T-förmiger Knochen mit einem kleinen Stück Filet auf der einen und dem Rumpsteak auf der anderen Seite. Wenn das Filetstück größer wird, redet man von einem Porterhouse Steak. Ein T-Bone-Steak kann zwischen 700 und 1500 Gramm wiegen. Da das Filet kleiner als das Rumpsteak ist, sollten Sie beim Grillen darauf achten, dass der Filetteil etwas weniger Hitze bekommt als das Rumpsteak. Das können Sie über die Kohlenaufteilung regeln oder ganz einfach nach dem Angrillen eine große Kartoffelscheibe unter das Filet legen, die dann die Hitze etwas abschirmt.

Rib-Eye-Steak Das Rib-Eye-Steak kommt aus dem hohen Rücken und hat das charakteristische namensgebende Fettauge im Kern. Es ist meist stärker marmoriert als die anderen Steakschnitte und dadurch für viele Liebhaber der Favorit unter den Steaks – saftig, zart und mit viel Eigengeschmack.

Hüftsteak Das Steak aus der Hüfte ist das günstigste der klassischen Steakstücke. Es ist kaum marmoriert und sollte auf keinen Fall übergart werden. Qualitativ ist ein gut gegrilltes Hüftsteak oft nicht viel schlechter als ein Filetsteak – und das für etwa ein Drittel des Preises.

SO WIRD'S GEGRILLT

Steaks sollten nicht zu dünn sein, mindestens 2 bis 3 Zentimeter dick. Sonst ist es fast unmöglich, eine schöne Kruste zu erhalten und es gleichzeitig saftig und medium zu garen. Auch noch dicker funktioniert, dazu der Tipp auf Seite 182. Natürlich können Sie auf dem Grill auch ein Rinderfilet, Roastbeef, Hüfte oder Rippenstück als ganzen Braten garen. Würzen, marinieren oder füllen Sie das Stück wie gewünscht. Grillen Sie den Braten scharf über der Glut von allen Seiten an und dann indirekt weiter bis zum gewünschten Gargrad. Wichtig ist die Ruhephase nach dem Grillen, damit sich die Fleischsäfte wieder verteilen können.

dazu der Tipp auf Seite 182.

TIPP

Lassen Sie Ihre Steaks und Braten vor dem Grillen immer abgedeckt bei Raumtemperatur vorwärmen. Dadurch können Sie Ihr Fleisch viel gleichmäßiger garen und vermeiden, dass es außen übergart, während es innen noch roh ist.

KERNTEMPERATUR

Der perfekte Gargrad ist für Ihr Steak sehr wichtig. Es gibt nur einen kleinen Temperaturbereich, der ein saftiges rosa Steak von einer zähen Fleischschnitte trennt. Am einfachsten kann man den Gargrad mit einem Fleischthermometer bestimmen. Zum Prüfen sticht man mittig ins Fleisch und wartet, bis die Temperaturanzeige sich stabilisiert hat.

54 °C: englisch (blutig)
54 bis 57 °C: medium
über 62 °C: well done

SCHWEIN

Das Schwein zählt wie das Schaf zu den ältesten Haustieren. Schweinefleisch ist im christlich-europäischen Raum das beliebteste Fleisch, bei Muslimen und Juden hingegen ist es aus religiösen Gründen verboten und gilt als unrein. Wenn Sie zu einer Grillparty Angehörige dieser Religionen einladen, sollten Sie darauf achten, „reines" und „unreines" Fleisch auf unterschiedlichen Grills zuzubereiten.

Eins der besten Stücke: das Filet

EINKAUF

Die Schweinefleischqualität hängt weniger als bei anderen Haustieren von der Rasse ab, sondern insbesondere von der Art und Weise, wie sie geschlachtet werden. Schweine sind stressanfällig, und dies wirkt sich direkt auf die Qualität des Fleisches aus.

Mageres Schweinefleisch ist nicht unbedingt gutes Fleisch. Da Fett Geschmacksträger ist, sollte Schweinefleisch – zum Beispiel ein Nackensteak – ähnlich wie beim Rind gleichmäßig marmoriert sein. Noch wichtiger ist die Frage, wie schnell das Fleisch wächst. Langsam wachsendes Fleisch ist besser als schnell wachsendes. Allerdings versucht die industrielle Fleischproduktion immer mehr Fleischgewicht in immer kürzerer Zeit zu erzeugen. Die Alternative zu diesen Produktionsmethoden ist Biofleisch oder Fleisch aus artgerechter Haltung (beispielsweise mit dem Neuland-Siegel).

Selbst große Schweinshaxen kann man grillen

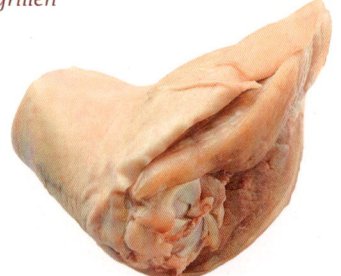

HANDELSBEZEICHNUNGEN

Es gibt eine Vielzahl von Schweinerassen mit hervorragendem Fleisch. Zu den bekannteren zählen das Schwäbisch-Hällische Landschwein, das Bentheimer Landschwein und, aus Spanien, das mit Eicheln gemästete Iberische Schwein. Hinsichtlich Alter und Geschlecht gibt es folgende Kategorien:

Milch-Ferkel Das sind Schweine beiderlei Geschlechts bis vier Wochen nach der Geburt, mit einem Schlachtgewicht von etwa zehn Kilogramm; Spanferkel ernähren sich von Muttermilch (spanen = säugen) und haben deshalb sehr helles, zartes Fleisch, von leicht süßlichem Geschmack.

Ferkel sind bis zu sechs Wochen alt und bis zu 20 Kilogramm schwer.

Läufer sind ungefähr acht Wochen alt und haben ein Gewicht von 20 bis 40 Kilogramm; umgangssprachlich werden sie oft als „Spanferkel" bezeichnet. Das ist aber falsch, die korrekte Bezeichnung lautet „Grillschwein".

Ladenschweine sind vier, fünf oder sechs Monate alt und haben Schlachtgewichte zwischen 90 und 100 Kilogramm; Das ist die häufigste im Laden erhältliche Schweinefleischsorte.

Sauen sind weibliche Schweine, zwischen zwölf und 36 Monate alt, Schlachtgewicht beträgt 120 bis 250 Kilogramm; dunkleres und kräftigeres Fleisch. Ältere Schweine werden üblicherweise nicht verwertet.

TEILE DES SCHWEINS

Das Fleisch des Schweins lässt sich grob in drei Kategorien einteilen, hier vom höchsten zum niedrigsten Preis geordnet.
Klasse I Hinter- und Vorderschlegel, Koteletten- und Filet. Dieses Fleisch ist hervorragend geeignet zum Braten, direkten und indirekten Grillen, zum Pökeln und Räuchern.
Klasse II Halsgrat und Brust. Zum indirekten Grillen und für den Dutch Oven.
Klasse III Bauchlappen, Haxen und Kopf. Bauchlappen sind für Rollbraten geeignet, Haxen und Beine werden meist durch Kochen vorbehandelt (beispielsweise gegrillte Schweinshaxe). Der Kopf wird zum Wursten verwendet.

RIBS

Ribs gelten als Königsdisziplin bei der Ausrichtung eines Barbecues. Es gibt vier Kategorien:
Baby Back Ribs werden auch als Loin Ribs bezeichnet. Sie bilden das obere an der Wirbelsäule hängende Rippenbogenviertel des Schweins. Mit Knochen und Fleisch entspricht das einem Kotelett – der Höchstqualität für Rippen vom Grill.
Spare Ribs sind die restlichen drei Viertel des Rippenstrangs. Sie sind sehr saftig, tragen aber einen deutlichen Knorpelanteil. Das Fleisch ohne die Rippen wird als Bauchspeck verwendet. Hervorragend geeignet zum direkten Grillen oder Pökeln. In diesem Buch gibt es ein sehr schönes, gar nicht klasisches Spare-Ribs-Rezept auf Seite 167.
St. Louis Cut Ribs sind „verkürzte" Spare-Ribs: nämlich nur das zweite und dritte Viertel des Rippenbogens ohne die **Rib Tips**, das untere Viertel der Rippen. Sie sind stark mit Knorpel durchzogen, aufgrund des Fettanteils aber sehr saftig.

SO WIRD'S GEGRILLT

Die unvermeidlichen Schwenksteaks aus dem Supermarkt sind meist Stücke aus dem Nacken des Schweins. Sie sind üblicherweise ein bis eineinhalb Zentimeter dick und mariniert. Ein solches Stück bekommt man nur sehr schwer wohlschmeckend zubereitet. Warum? Die Fleischteile sind zu dünn und trocknen schnell aus. Dickere Nackensteaks lassen sich sehr viel schmackhafter und einfacher zubereiten. Zwar verlängert sich die Zubereitungszeit, dafür werden Sie aber mit allem entlohnt, was ein Stück Fleisch zu bieten hat: außen kross, innen saftig. Als Marinade ist eine Mischung aus je einem Teil Weißwein und Senf, sowie Salz und Pfeffer zu empfehlen.
Krustenbraten können sowohl indirekt gegrillt als auch im Dutch Oven zubereitet werden. Basis ist meist eine Schulter oder ein Schlegel mit Schwarte. Die Schwarte sollte vor dem Grillen in Flüssigkeit eingeweicht werden (zum Beispiel Bier oder Salzwasser). Das Grillen erfolgt indirekt bei mäßigen Temperaturen von etwa 150 Grad Celsius. Wenn die Kerntemperatur bei 63 Grad Celsius liegt, erhöhen Sie die Hitze für eine halbe Stunde auf 180 bis 200 Grad. Dadurch „poppt" die Kruste, sie wirft knusprige Blasen. Bei einer Kerntemperatur von 72 Grad Celsius ist der Braten fertig. Dieselbe Vorgehensweise empfiehlt sich auch für Haxen. Diese werden meist in leicht gesalzenem Wasser vorgekocht und dann erst gegrillt.

KERNTEMPERATUREN

Schweinefleisch sollte in der Regel durchgebraten sein. Die Kerntemperatur liegt je nach Stück bei 60 bis 70 Grad Celsius, Filet und Rücken brauchen 65 Grad Celsius, Nacken braucht 73 Grad Celsius.

Zwei Sorten Ribs: Oben Spare Ribs, unten Baby Back Ribs

LAMM

Schafe begleiten den Menschen schon sehr lange. Sie sind außerordentlich vielseitig in ihrem Nutzen für den Menschen und gleichzeitig genügsam bezüglich ihrer Umweltbedingungen und Ernährung. Je nach Rasse wird ein ausgewachsener Bock etwa 100 Kilo schwer, ein Mutterschaf wiegt etwa 75 Kilo.

EINKAUF

In Deutschland wird Lammfleisch verhältnismäßig wenig nachgefragt. Der Verbrauch beträgt etwa 700 Gramm pro Jahr und Person, das entspricht einem Anteil von rund einem Prozent am gesamten Fleischkonsum. Lammfleisch wird häufig als Tiefkühlware aus Neuseeland oder Südamerika angeboten, manchmal auch aus Irland. Während es in Metzgereien nur selten erhältlich ist, findet man frisches Lammfleisch häufiger in türkischen oder arabischen Lebensmittelgeschäften. Fleisch von Tieren, die bei der Schlachtung jünger als ein Jahr waren, heißt Lammfleisch, war das Tier älter ist von Schaffleisch die Rede (manchmal findet sich die Bezeichnung Hammelfleisch, wenn das Tier maximal zwei Jahre alt war). Zum Verzehr werden bevorzugt Mastlämmer gewählt. Hammel findet sich zum Beispiel in der orientalischen Bratwurstvariante Merguez. Das Fleisch vom Bock wird wegen des strengen Geschmacks nur selten verwendet.

REIFUNG DES FLEISCHS

Die optimale Reifezeit des Fleisches bis zur optimalen Konsistenz ist kürzer als beim Rind. Das heißt, Lammfleisch sollte nach dem Schlachten etwa ein bis zwei Wochen reifen. Im Handel erhältliches Fleisch, insbesondere Tiefkühlware, muss normalerweise nicht nachreifen und kann sofort verwendet werden.

Wenn Sie Tiefkühlware verwenden, legen Sie ihr Fleisch zum Auftauen über Nacht in den Kühlschrank und lassen sie es nach Möglichkeit nicht bei Zimmertemperatur auftauen.

LAMMTEILE

Lammnacken Wird auch als Hals oder Kamm bezeichnet. Das Fleisch ist mit feinem weißen Fett durchzogen und sehr saftig. Es wird vom Handel im Stück mit oder ohne Knochen zum Kauf angeboten. Lammnacken ist geeignet zum Schmoren im Dutch Oven oder indirekt gegrillt als Nackenbraten.

Rücken

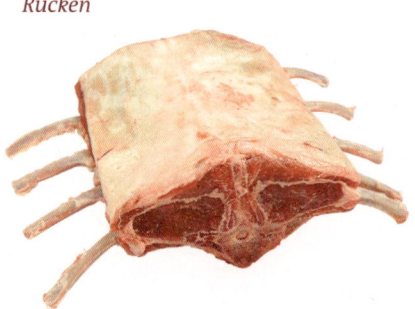

Nacken

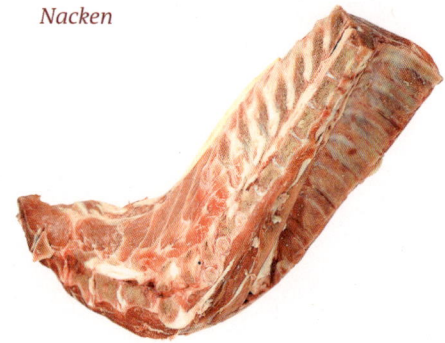

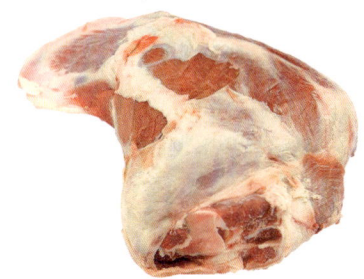

Schulter

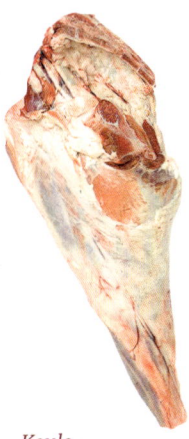

Keule

Schulter Im Handel auch als Bug oder Blatt erhältlich. Schultern ergeben zarte, saftige Fleischstücke. Mit oder ohne Knochen und in gerollter Form erhältlich. Indirekt gegrillt als Rollbraten oder direkt gegrillt in Stücken für Spieße geeignet.

Vorderkeulen Das Fleisch ist sehr saftig, kräftig und kernig im Geschmack. Vorderkeule enthält weniger Fleisch als die Hinterkeule, sie kann zum indirekten Grillen oder zum Schmoren im Dutch Oven verwendet werden. Besonders schmackhaft ist sie bei mittlerer Hitze direkt gegrillt, ähnlich wie Schweinshaxe.

Koteletts/Rippen Es gibt Stielkoteletts aus dem vorderen Teil des Rückens mit den Rippenenden, und es gibt Lendenkoteletts (mit anhaftendem Filet) aus dem hinteren Teil. Das Fleisch beider Arten ist sehr saftig und zart. Die sehr kleinen Lendenkoteletts werden meist doppelt als sogenannte Schmetterlingskoteletts angeboten. Ideal zum Kurzbraten und direkten Grillen.

Rücken Auch Lammkarree oder Lammlachs genannt, enthält das zarteste Fleisch vom Lamm. Er liefert sowohl Lammkoteletts als auch saftige Bratenstücke. Im Angebot als Stück mit oder ohne Knochen, als Lammkarree, Lammrückenfilets und Lammfilets. Bestens geeignet zum direkten Grillen.

Brust Kommt als Brust (mit den Rippenenden) und Brustspitze (Dünnung) in den Handel. Das Fleisch ist mit Fett durchwachsen und saftig. Geeignet zum Kochen von Suppen und Eintöpfen, zum Schmoren von Gulasch sowie als Ergänzung zum Lammhack. Die Brustspitze kann als Rollbraten gegrillt werden.

Hinterkeule Die Hinterkeule ist relativ mager und besteht aus verschiedenen Muskeln, daher ist sie fleischig, kann sehr zart zubereitet werden und gilt als das beste Bratenstück vom Lamm. Wird im Stück mit oder ohne Knochen und in Scheiben geschnitten angeboten.

SO WIRD'S GEGRILLT

Lammkeule wird indirekt gegrillt. Sie können die Keule entweder bei niedrigen Temperaturen von 100 bis 120 °C bis zur gewünschten Kerntemperatur grillen und am Schluss nochmals direkt über die Hitze ziehen um die gewünschte Kruste zu erhalten. Oder aber Sie wählen höhere Temperaturen 180 bis 200 °C. Dadurch erzielen Sie kürzere Garzeiten und eine bessere Kruste, allerdings wird dann das Fleisch auch nicht ganz so zart. In beiden Fällen sollten Sie das Fleisch noch kurz in Alufolie gewickelt ruhen lassen, damit sich das Fleisch wieder entspannen kann. Lammkotelts werden kurz direkt gegrillt, der Kern sollte noch rosa sein.

KERNTEMPERATUREN

Lamm ist rosa bei 54 bis 58 °C, das reicht für viele Stücke aus und das Fleisch bleibt so schön saftig.

Durchgebraten, geschmort: 80 bis 85 °C
Koteletts: 56 °C
Keule: 58 °C

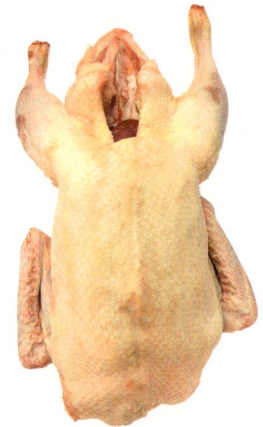

Ente (oben), Huhn (unten)

GEFLÜGEL

Wenn man beim Grillen über Geflügel spricht, geht es meist um Hähnchen. Aber sogar Wildvögel wie Fasan, Rebhuhn, Perlhuhn und Wachtel lassen sich grillen. Ente, Gans und Pute sowieso. Seit einigen Jahren ist auch das Fleisch des Straußes eine willkommene Abwechslung auf dem Rost.

EINKAUF

Neben spezialisierten Geflügelhändlern bieten sich auch türkische Lebensmittelgeschäfte für den Einkauf an. Auch Tiefkühlkost und frische Supermarktware ist teilweise eine gute und hygienische Wahl. Überlegen Sie selbst, ob ein Grillhähnchen für unter 2,50 Euro den eigenen Ansprüchen genügen kann. Als die Stiftung Warentest im Herbst 2010 die Produktionsbedingungen von Hähnchenfleisch unter die Lupe nahm und Anbieter nach ihrem Engagement auf diesem Gebiet befragte, war das Ergebnis eindeutig: Einzig einige Anbieter von Bioware waren stark engagiert. Bei den zur gleichen Zeit untersuchten frischen Hähnchenfilets war das Ergebnis durchwachsen. Von Gut bis Mangelhaft waren alle Urteile vertreten. Biofleisch war bei der Fleischqualität nicht generell besser als konventionelle Ware, allerdings war der Testsieger eine Biomarke. Fragen Sie beim Geflügelhändler ruhig nach dem Erzeuger und dem verwendeten Futter.

REIFUNG DES FLEISCHS UND HYGIENE

Die Fleischreifung bei Geflügel erfolgt recht schnell und ist nach ungefähr 24 Stunden abgeschlossen. Dementsprechend ist auch die Haltbarkeit, verglichen mit anderen Fleischsorten, kurz. Aus diesem Grund wird Geflügel häufig als Tiefkühlware angeboten. Diese sollten Sie im Kühlschrank auftauen lassen: auf ein Gitter legen und darunter einen mit Küchentuch bedeckten Teller stellen. So vermeiden Sie, dass das Fleisch im eigenen Saft liegt.

Einmal aufgetautes Tiefkühl-Geflügel dürfen Sie wegen der Salmonellengefahr nicht wieder einfrieren. Bei jedweder Arbeit mit Geflügelfleisch empfehlen wir, Schutzhandschuhe aus Latex oder Vinyl zu tragen. Arbeitsbretter, auf denen Geflügel verarbeitet wurde, müssen unbedingt gut mit heißem Wasser abgespült und mit Spülmittel gereinigt werden, bevor darauf andere Lebensmittel verarbeitet werden. Das Gleiche gilt für Messer.

WIE ALT IST DAS HUHN?

- Stubenküken: Huhn, meist männlich, drei bis fünf Wochen alt, Gewicht 300 bis 600 Gramm
- Masthähnchen, männlich oder weiblich, fünf bis sechs Wochen alt, Gewicht 800 bis 1200 Gramm
- Poularde, weiblich, sieben bis zwölf Wochen alt, Gewicht 1200 bis 2500 Gramm

Pute

GEFLÜGELTEILE

Für alle Geflügelarten lassen sich folgende Fleischstücke unterscheiden:

Brust Sie wird auch Filet genannt und macht ungefähr 30 Prozent des Gewichts eines Vogels aus. Die Brust unterteilt sich in Außen- und in die kleinen Innenfilets. Sie neigt beim längeren Grillen zum Austrocknen. Die Außenfilets lassen sich gut füllen, während man die zarten Innenfilets oft für Spieße oder als direkt gegrillte Köstlichkeit einsetzt. Entenbrust grillt man in der Regel mit Haut, aus der Putenbrust lassen sich Stücke schneiden, die entweder als Steak oder als Teile eines Spießes zur Verwendung kommen. Gänsebrust schmeckt am besten bei niedriger Temperatur indirekt gegrillt.

Keule Sie unterteilt sich in Ober- und Unterkeule. Die Oberkeule setzt sich aus mehreren von zarten Fettschichten verbundenen Muskeln zusammen, die teils eine dunklere Färbung haben als die übrigen Teile. Sie ist aromatischer als die Brust und verträgt längere Garzeiten. Ausgelöste Oberkeulen kann man hervorragend als Steak grillen. Keulen von größeren Vögeln sollten stets indirekt bei niedriger Temperatur gegrillt werden.

Flügel Flügel enthalten nur wenig Fleisch. Ähnlich wie die Keulen kann man die Flügel indirekt und direkt als delikates Fingerfood in vielen Geschmacksrichtungen zubereiten. Hühnerflügel sind gut, Flügel von Ente, Gans und Pute nicht gut zum Grillen geeignet.

Haut In vielen Geflügelfachgeschäften oder beim türkischen Metzger kann man Geflügelhaut kaufen. Sie enthält immer etwas Fett in der Unterhaut und eignet sich hervorragend zum Einwickeln von Brust oder ausgelöster Oberkeule. Verwendbar sowohl für das indirekte als auch das direkte Grillen.

SO WIRD'S GEGRILLT

Geflügelfleisch hat im Muskelgewebe einen niedrigen Fettanteil. Damit das Fleisch beim Grillen nicht trocken wird, haben wir in den Rezepten fetthaltige Lebensmittel wie beispielsweise Bacon oder Käse dazu kombiniert. Geflügel wird in der Regel mit einer Kerntemperatur von 80 bis 85 Grad Celsius als durchgebraten angegeben. Ausnahmen: Insbesondere Geflügelbrust wird meist bei deutlich niedrigerer Temperatur gegart, da sie sonst trocken und zäh wird. Auch ganze Tiere sollte man unter 80 Grad Celsius Kerntemperatur zubereiten und eventuell noch einige Minuten ruhen lassen. Man kann Geflügel auch „plattlegen". Dafür wird das Geflügel entlang der Wirbelsäule oder des Brustbeines durchgeschnitten. Anschließend legt man es flach auf den Grill, dass das Fleisch gleichmäßiger gart.

KERNTEMPERATUREN

Entenbrust: 56 bis 60 °C
Hühnerbrust: 62 bis 65 °C
Gänsebrust: 65 bis 72 °C
Straußensteaks: 58 bis 65 °C
Keulen: 74 bis 78 °C

TIPPS

Bei fettem Geflügel wie Gans oder Ente können Sie die Haut mit einer Stecknadel oder mit einer dreizackigen Pellkartoffelgabel mehrfach einstechen, damit das Fett beim (indirekten) Grillen austreten kann. Stellen Sie eine Tropfschale darunter und fangen Sie das Fett auf.

Hautreste, etwa vom Huhn, kann man in dünne Streifen schneiden und kross in der Pfanne ausbraten. Mit Salz, Pfeffer, Chilipulver und Zitronensaft als Vorspeise oder als Garnitur servieren.

Von oben nach unten: Brust, Keule, Flügel

VOR DEM GRILLEN SALZEN!

Oft hört man, dass das Fleisch erst nach dem Grillen gesalzen werden soll – das ist Quatsch. Braten und Steaks sollte man eine halbe Stunde vor dem Grillen großzügig mit grobem Salz würzen, so bekommt man eine tolle Kruste.

Überflüssiges Salz tropft beim Grillen automatisch ab. Machen Sie sich keine Sorgen um den Flüssigkeitsverlust. Die wenige Flüssigkeit, die sich ansammelt, zieht sich das Salz aus der Luft, nicht aus dem Fleisch.

GEMÜSE

Am einfachsten grillt man Gemüse am Stück (beispielsweise Maiskolben) oder in fingerdicke Streifen geschnitten. Dafür eignen sich Zucchini, Zwiebeln und Auberginen hervorragend, auch Fenchel, Spargel und Rote Bete sind gegrillt eine echte Delikatesse. Sehen Sie doch einfach mal in den Hofläden ihrer Umgebung nach, was dort gerade angeboten wird. Frischer geht es meist nicht. Geschmack und Frische unserer heimischen Produkte sind Garanten für ein erfolgreiches Grillerlebnis – mit oder ohne Fleisch.

VOR- ODER NACHHER MARINIEREN?

Auch bei Gemüse gilt: Marinaden sollen den Geschmack des Grillgutes unterstreichen, ohne ihn zu verfremden. Viele Marinaden verbrennen während des Grillvorgangs und machen das Grillgut nur bitter oder überlagern den Eigengeschmack. Gegen ein leichtes Einölen des Gemüses vor dem Auflegen auf den Rost spricht dagegen nichts. Besser ist jedoch, Sie verwenden im Anschluss gute Öle (wie wäre es mal mit Leindotteröl) und frische oder getrocknete Kräuter wie Rosmarin, Thymian, Majoran, Basilikum, Schnittlauch und würzen ansonsten nur mit Salz und Pfeffer.

GEFÜLLTE GEMÜSE

Gefüllte Gemüse sind vollwertige Grillgerichte und sind eher auf die indirekte Grillmethode in einem geschlossenen Grillsystem ausgelegt. Sehr gut eignen sich hierzu Paprika. Füllen Sie diese einmal nicht klassisch mit Hackfleisch oder Reis, sondern verwenden Sie Couscous, den Sie mit Raz el-Hanout, einer nordafrikanischen Gewürzmischung, oder auch Kräutern der Provence (Thymian, Rosmarin, Lorbeer, Lavendel, Bohnenkraut, Oregano und Salbei) würzen. Vielleicht mögen Sie ja auch farbige Unterschiede? Gelbe Paprika mit rotem Curry und grünen Kräutern?

GEMÜSERÖLLCHEN

In Längsscheiben geschnittene Auberginen und Zucchini können aufgerollt und auf einen gewässerten Holzspieß gesteckt werden. Denken Sie aber daran die Innenseite vorher zu würzen. Diese Gemüseröllchen kommen dann für fünf bis sechs Minuten direkt auf den Grill. Man kann auch festeres Gemüse wie Karotten nehmen. Sie sollten diese vor dem Aufrollen kurz vorgaren, damit sie weicher werden und sich leichter rollen lassen. Die Röllchen kann man mit kleinen Zugaben wie dazwischengesteckten Perlzwiebeln, Knoblauch, Kirschtomaten oder Oliven optisch aufpeppen. Alle, die nicht auf Fleisch verzichten wollen, verwenden einfach dünne Scheiben Schinkenspeck, die man mit dem Gemüse aufrollt.

DIE VERSCHIEDENEN GRILLGEMÜSE

Grillen kann man fast alles, aber wir haben ein paar Lieblingsgemüse ausgewählt, die fantastische Ergebnisse auf dem Rost liefern.

AUBERGINE

Die Aubergine nimmt ein tolles rauchiges Aroma an, wenn man sie grillt. Ein Klassiker ist das arabische Baba Ghanoush, ein Salat beziehungsweise Püree aus dem Fruchtfleisch intensiv gerösteter Auberginen mit Kreuzkümmel und Zitronensaft. Die Haut verkohlt schwarz und wird entfernt: es bleibt das butterweiche Fruchtfleisch und ein Geschmack, der süchtig macht. Auberginen harmonieren auch mit Tomaten, Olivenöl, Basilikum und Mozzarella. Probieren Sie doch zum Beispiel mal die Parmigiana mit Mozzarella. Das Rezept finden Sie auf Seite 115.

PILZ

Speisepilze zählen wir der Einfachheit halber zum Gemüse, doch besitzen sie weder Blattgrün noch Wurzeln. Da Pilze einen hohen Wassergehalt haben, werden sie beim Grillen kleiner und trocknen schnell aus, deswegen sind Pilze beim Grillen für eine Füllung und danach für ein Dressing oder eine Sauce dankbar.

TOMATE

Ihren Ursprung hat die heutige Kultur-Tomate wahrscheinlich in den Anden im Gebiet zwischen Ecuador und Peru. Wenn man sie grillt, empfiehlt sich die Zugabe von etwas Holz zur Kohle, da dieses das intensive Aroma der reifen Tomaten unterstützt. Eines unserer Lieblingsgerichte im Buch sind die Türkischen Gemüsespieße (Seite 124).

KARTOFFEL

Eine Kartoffel zu grillen ist wirklich einfach, es gibt unzählige Möglichkeiten der Zubereitung, die man auch leicht nebenher bewerkstelligen kann. In Alufolie verpackte Kartoffeln sind bekannt – wenn man sie vorher halbiert, die Schnittflächen leicht einölt, dann mit grob gekörntem Salz bestreut und einen Rosmarinzweig dazusteckt, schmeckt die Kartoffel gleich noch mal so gut. Das Kartoffelgratin im Dutch Oven (Seite 107) ist ebenfalls großartig.

ZUCCHINI

Die gurkenähnlichen Zucchini können so groß wie Kürbisse werden, allerdings verlieren sie dann Aroma und werden holzig. Idealerweise sollten sie beim Einkauf zehn bis 15 Zentimeter lang sein und nicht mehr als 200 Gramm wiegen. Die kalorienarmen Zucchini eignen sich gut zum Grillen, da sie schnell gar sind, haben aber nur einen zarten Eigengeschmack und wollen kräftig gewürzt werden.

MAIS

Bereits steinzeitliche Indianer in Mexiko haben die Körner einer wilden, maisartigen Pflanze vor etwa 12 000 Jahren genutzt. Zuckermais schmeckt im Reifezustand süß und zart. Am einfachsten wird er durch Kochen vorgegart, mit einer Buttermischung bestrichen und anschliessend gegrillt.

FENCHEL

Fenchel ist lecker, bekömmlich und gesund. Durch sein Anisöl hat er einen sehr typischen Geschmack, den nicht jeder mag. Wegen dieses intensiven Eigenaromas sollte man mit zusätzlichen Gewürzen vorsichtig umgehen – gut geeignet sind Zitrone, Salz, Pfeffer, Muskat und etwas Knoblauch. Auch ein wenig Zucker verträgt sich gut mit Fenchel. Fenchelknollen können im Ganzen oder halbiert gegrillt werden.

LAUCHZWIEBELN

Da die Pflanze (besonders die Zwiebel) Proteine enthält, wird sie in China auch Fleisch des armen Mannes genannt. Der grüne Lauch kann wie Schnittlauch verwendet werden. Längs halbiert, kurz direkt angegrillt, etwas Olivenöl darüber, mit Pfeffer und Salz gewürzt, schon hat man eine einfache Beilage, die gut zu Fleisch, aber auch zu Fisch passt.

PAPRIKA

Allein die vielfältigen schönen Farben erwecken Lust, die Schoten sofort anzubeißen: Paprika ist eines der beliebtesten und vitaminreichsten Grillgemüse. Beim direkten Grillen muss man auch die Haut nicht vorher abziehen, da diese größtenteils durch den Grillvorgang selbst entfernt wird. Wenn Sie die Paprika allerdings im Dutch Oven schmoren wollen, sollte die Haut zuvor entfernt werden (siehe Tipp auf Seite 133). Rote Paprika sollte man nicht durch grüne ersetzen, da die grüne bitterer ist.

SPARGEL

In Deutschland wird der unterirdisch angebaute weiß-violette Bleichspargel dem oberirdisch wachsenden grünen Spargel vorgezogen. Jedes Frühjahr wetteifern die Händler für wenige Wochen um Kunden für ihr nicht ganz billiges Gemüse. Beim Spargelkauf sollte besonders auf Frische geachtet werden. Frisch gestochener Spargel besteht zu etwa 95 Prozent aus Wasser. Die Spargelenden sollten nicht bräunlich verfärbt oder ausgetrocknet sein. Aufgrund seines Eigengeschmacks benötigt Spargel wenig zusätzliche Würze und entwickelt gerade beim Grillen und Braten ein einzigartiges Nussaroma. Ein Beispiel sind unsere Spargelflöße auf Seite 181.

DIPS, MARINADEN & CO.

Zum Auftakt die Würze. Ohne Gewürzmischungen und Barbecue-Saucen macht Grillen keinen Spaß. Sie können vieles fertig kaufen, aber es schmeckt viel besser, wenn Sie es selbst machen. Probieren Sie auch mal was Neues: Chimichurri oder ein Möhrenpüree geben selbst Klassikern wie Steaks eine ganz neue Note.

Basic-Rub (großes Glas, 500 ml)
- 12 EL Paprika edelsüß
- je 6 EL Salz, Zucker, Chili-pulver, Knoblauchgranu-lat und gemahlener Kreuzkümmel
- je 2 EL Senfpulver, Cayenne-pfeffer und gemahlener schwarzer Pfeffer

Texas-Rub (großes Glas, 500 ml)
- 5 EL Rohrzucker
- je 2 EL grobes Meersalz, frisch gemahlener schwar-zer Pfeffer und Paprika edelsüß
- 3 EL Knoblauchgranulat
- 2 TL Zwiebelgranulat
- 3 TL Chipotle, gemahlen

Moink-BBQ-Rub (für das Rezept auf Seite 192)
- 2 EL grobes Meersalz
- 2 EL brauner Zucker
- 2 EL Paprika edelsüß
- 1 EL schwarzer Pfeffer, grob gemahlen
- ½ TL Cayennepfeffer

Chicken-Rub (für 2 Hähnchen)
- je 2 EL brauner Zucker und zerstoßene Senfsaat
- 2 TL Paprika edelsüß
- je 1 TL getrockneter Thy-mian und Majoran, Salz, zerstoßene schwarze Pfef-ferkörner

Ungegrillt

RUBS

Wenn der Profi-Griller vom ‚Rubben' spricht , dann meint er das Einreiben des Grillguts (von englisch: ‚to rub' reiben). Die dafür benutzten Gewürz-mischungen, Rubs genannt, sind oft besser als ölhaltige Marinaden, um Geschmack ins Grillgut zu bekommen. Für kurze Grillzeiten nimmt man fein gemahlene Zutaten, für lange sollten die Gewürze gröber bleiben. Vier der gängigsten Rubs stellen wir Ihnen hier vor – aber lassen Sie Ihrer Fan-tasie ruhig freien Lauf ...

ZUBEREITUNG

Die Zutaten in einer großen Schüssel gut miteinander vermischen und in ein Glas mit Schraubverschluss füllen. Diese Gewürzmischungen sind mindestens ein Jahr lang verwendbar.

Basic-Rub: Dieser Rub ist ein weit verbreitetes Standardgewürz, besonders gut geeig-net für Geflügel und helles Fleisch. Durch seinen Zuckeranteil bekommt man beim in-direkten Grillen einen leichten Glanz auf der Oberfläche. Auch zum Würzen von bereits fertig gegrilltem Fleisch ist der Rub gut einsetzbar. Mit dieser Mischung haben Sie gleichzeitig die beste Grundlage für eine schmackhafte Marinade. Einfach 150 ml Öl pro EL Gewürz angießen und fertig. Hervorragend eignet sich hierfür Rapsöl, da es sehr hitzebeständig ist.

Texas-Rub: Der Texas-Rub mit seiner leichten Schärfe gepaart mit Süße eignet sich besonders für Schweinefleischgerichte jeder Art, aber auch Kartoffeln und Gemüse be-kommen hiermit eine interessante Note.

Moink-Rub: Diesen Rub brauchen Sie für einen amerikanischen BBQ-Klassiker: Moink-Balls (das Rezept finden Sie auf Seite 192). Dieser Rub ist aber ein Universal-gewürz, das zu allen Arten von Hühner- und Schweinefleisch passt.

Chicken-Rub: Dieser Rub passt – wie der Name schon sagt – besonders gut zu Huhn. Er kommt beispielsweise beim Beer-Can-Chicken (Seite 214) zum Einsatz.

TIPP

Zur Aufbewahrung sind Gefäße aus braunem Glas am besten geeignet, da die Gewürze lichtempfindlich sind und so geschützt werden.

Chipotle-BBQ-Sauce (500 ml)

- 2 Knoblauchzehen
- 1 Zwiebel
- 300 ml Tomatenketchup
- 200 ml Rotweinessig
- 65 g brauner Zucker
- 50 ml Melasse (ersatzweise Ahornsirup)
- 1 TL Chipotle
- 2 EL Worcestersauce
- ½ TL Salz
- ½ TL Pfeffer
- ½ TL Chilipulver

Cola-Whiskey-Sauce (400 ml)

- 500 ml Cola (mit Zucker und Koffein)
- 125 ml Ketchup
- 125 ml Apfelmus
- Saft von 1 unbehandelten Zitrone
- 1 TL Texas-Rub (Seite 51)
- 1 TL Worcestersauce
- ½ TL Sojasauce
- 1 EL Bourbon oder Tennessee Whiskey

ZEIT

- Chipotle-BBQ-Sauce: 55 Minuten
- Cola-Whiskey-Sauce: 20 bis 30 Minuten

Ungegrillt

BBQ-SAUCEN

Eine BBQ-Sauce darf bei keinem Grillfest fehlen. Auch wenn es sehr viele fertige Saucen zu kaufen gibt, lohnt es sich, selbst zu mischen: Das ist einfacher als gedacht und meist deutlich aromatischer. Selbst nicht so exzellentes Fleisch wird durch eine solche Sauce zu einem Erlebnis. Eine weitere BBQ-Sauce finden Sie auf Seite 147: Die Thai-Chili-Sauce gibt eine asiatische Note für Ihr Grillfest.

ZUBEREITUNG

Chipotle-BBQ-Sauce: Den Knoblauch und die Zwiebeln fein hacken und mit allen anderen Zutaten zusammen in einen Topf geben und aufkochen. 45 Minuten bei geringer Hitze weiter köcheln lassen, bis die Sauce dicklich wird. Die Sauce durch ein Sieb streichen, um den Knoblauch und die Zwiebeln zu entfernen. Danach die noch heiße Sauce in eine passende Flasche oder ein Glas geben und abkühlen lassen. Hält sich im Kühlschrank ungefähr 4 Wochen.

Tipps: Diese scharf-süße BBQ-Sauce eignet sich auch hervorragend zum Glasieren von Spare Ribs, den Moink Balls oder den Geflügelbällchen (siehe Seite 192). Der Name Chipotle leitet sich aus dem aztekischen „chil" (Chili) und „poctli" (geräuchert) ab. Schon die Azteken haben nämlich durch Räuchern ihre Jalapeño-Chilischoten haltbar gemacht.

Cola-Whiskey-Sauce: Cola im Kochtopf oder in der Kasserolle bei mittelstarker Hitze unter Rühren auf etwa ein Viertel, also auf 125 ml, einkochen. Die weiteren Zutaten, mit Ausnahme des Whiskeys, hinzugeben und unter Rühren aufkochen. Danach vom Herd nehmen, Whiskey hinzugeben und untermischen. Die noch heiße Sauce, womöglich mithilfe eines Trichters in eine heiß ausgespülte Flasche oder Ähnliches füllen.

Tipps: Sie können die Sauce variieren, indem Sie anderes Fruchtmus benutzen, auch der Whiskey ist kein Muss. Probieren Sie einfach mal was anderes, und auch der Rub kann durch eine andere Mischung ersetzt werden. Zum Beispiel erzielt pürierte Mango in Kombination mit Tequilla, asiatischem Fünf-Gewürze-Pulver und – nicht lachen – Magenbitter eine asiatische Note.

Chipotle-Butter
- *250 g Butter*
- *1 Knoblauchzehe*
- *1 Chilischote*
- *1 Chipotle*
- *Salz, Pfeffer*
- *Zitronensaft*
- *Sonstiges: Einweghandschuhe, Mundschutz*

Kapernbutter
- *250 g Butter*
- *80 g Kapern, in Salz eingelegt*
- *5 EL Olivenöl*
- *1 rote Peperoni*
- *40 g Oliven*
- *1 Knoblauchzehe*
- *Pfeffer*
- *Zitronensaft*

ZEIT

jeweils 20 Minuten

Ungegrillt

GRILLBUTTER-KOMPOSITIONEN

Mit wenig Aufwand lassen sich schmackhafte und ungewöhnliche Kräuterbuttervarianten selbst herstellen. Im ersten Rezept gibt die scharfe, getrocknete und geräucherte Chili, die Chipotle, den Ton an. Kapernbutter dagegen ist eine gute Alternative zur gewöhnlichen Kräuterbutter (Rezept Seite 129) und dient als Beilage zu Fleisch, Burger und Fisch.

ZUBEREITUNG

Chipotle-Butter: Die Butter auf Zimmertemperatur erwärmen und in eine Schüssel geben. Knoblauch und Chili fein hacken. Die Chipotle im Mixer mahlen. Verwenden Sie dazu Einweghandschuhe aus Gummi sowie einen Mundschutz, damit die Schleimhäute von Augen und Mund nicht gefährdet sind. Die Zutaten werden mit einer Gabel unter die Butter gemengt und mit Salz, Pfeffer und nach Belieben mit einem Spritzer Zitronensaft abgeschmeckt. Die fertige Butter kann in Klarsichtfolie oder Alufolie zu kleinen Röllchen geformt und kühl aufbewahrt werden.

Tipps: Die Schärfe von Chilis ist nicht jedermanns Sache, sie lässt sich aber durch Fett reduzieren. In diesem Rezept wird die Schärfe durch die Butter abgemildert. Wer es weniger scharf mag, sollte eine mildere Chilisorte bevorzugen und die Chipotle-Menge reduzieren.

Kapernbutter: Butter auf Zimmertemperatur erwärmen. Die Hälfte der Kapern in einer Pfanne mit heißem Olivenöl frittieren. Die Kapern sollen Farbe annehmen, aber nicht schwarz werden. Aus der Pfanne auf Küchenpapier geben und das überschüssige Öl aufsaugen lassen. Die andere Hälfte der Kapern gründlich unter fließendem Wasser abspülen. Alle Kapern, die Peperoni und Oliven und den Knoblauch fein hacken und unter die Butter mischen. Mit Pfeffer und einem Spritzer Zitronensaft abschmecken.

Tipps: Gesalzene Kapern schmecken einfach besser, wenn Sie keine bekommen, können Sie auch in Essig eingelegte nehmen. Achten Sie beim Einkauf auf die Größe: Kleinere Kapern schmecken feiner als große.

SCHARFES MÖHRENPÜREE

ZUTATEN *für 4 Portionen*
- *800 g Möhren*
- *6 EL Olivenöl*
- *Salz*
- *2 TL Kreuzkümmel*
- *1 TL Zimt*
- *1 TL Kurkumapulver*
- *1 TL Zucker*
- *2 Chilischoten*
- *½ Bund Koriander*
- *4 EL Orangensaft*
- *Pfeffer*
- *frische Minze*
- *Orangenscheiben*
- *Sesamkörner*

ZEIT

55 Minuten

Dieser feurige Grill-Dip kommt aus Nordafrika, genauer gesagt aus Tunesien. Dort trägt er den Namen „Ommuk Houria" (Mutter von Houria). Dieses scharfe Püree wird traditionell auf einer Vorspeisenplatte mit vielen anderen kleinen Gerichten gereicht.

ZUBEREITUNG

1 Die Möhren waschen, schälen und in feine Scheiben schneiden. In einem Topf 1 EL Olivenöl erhitzen und die Möhrenscheiben darin leicht andünsten. Circa 350 ml Wasser aufgießen, salzen und ohne Deckel ungefähr 40 Minuten köcheln lassen.
2 Danach das Wasser abgießen und die Möhrenscheiben im Topf mit einem Stampfer zerdrücken. Kreuzkümmel, Zimt und Kurkumapulver mit dem Zucker vermischen und zu den gestampften Möhren geben und vermengen.
3 Chilischoten längs halbieren, Innenwände und Kerne entfernen. Danach die Chilischoten und den Koriander klein schneiden, mit dem restlichen Olivenöl und dem Orangensaft vermischen und zu den Möhren geben. Alles gut unterrühren und mit Salz und Pfeffer abschmecken.
4 Das Möhrenpüree abkühlen lassen, portionieren und mit der frischen Minze, geviertelten Orangenscheiben und etwas angeröstetem Sesam garnieren.

TIPPS

1 Dieses scharfe Möhrenpüree passt gut zu Geflügel und frischem Baguette. Man kann es auch mit sehr klein gehacktem Ingwer verfeinern.
2 Nach dem Schneiden der Chilischoten sollten Sie unbedingt Ihre Hände waschen oder beim Schneiden Einmalhandschuhe tragen, denn der Kontakt der Hände mit den Schleimhäuten, besonders der Augen, kann sehr unangenehme Folgen haben. Dafür sind Capsaicinoide verantwortlich – die „Scharfmacher" der Chilis.
3 Sesam rösten Sie ohne Öl, am besten in einer unbeschichteten Pfanne. Vorsicht: Die Körner nicht zu dunkel werden lassen, dann schmecken sie bitter.

BIER LÖSCHT NUR DEN DURST

Wenn Fett oder Öl in die Glut tropfen und Flammen entstehen, sind viele Grillmeister schnell mit der Bierflasche zur Hand und „löschen". Gut schmecken soll das. Dabei passiert Folgendes: Die Würzung wird vom Grillgut abgespült, die Kohle wird gelöscht und die Asche aufgewirbelt, die dann statt der Würzung an unserem Grillgut klebt. Lecker!

Also besser nicht „löschen". Wenn Flammen züngeln, ziehe ich das Grillgut neben die Glut und schließe den Deckel. Und dabei trinke ich genüsslich einen Schluck Bier …

CHIMICHURRI

Chimichurri ist diese leckere, argentinische Würzmischung, die in manchen Steakhäusern zu Steaks angeboten wird – meist allerdings aus der Packung. Auf der Suche nach dem Originalrezept haben wir festgestellt, dass es wohl genauso viele Rezepte wie Einwohner in Argentinien gibt. Die hier vorgestellte Variante passt sehr gut zu gegrilltem Rindfleisch oder als Vinaigrette zu aromatischen Tomaten.

ZUTATEN *für 500 ml*
- *1 Bund Petersilie*
- *1 kleines Bund Thymian*
- *1 Zweig Rosmarin*
- *3 Lorbeerblätter, frisch*
- *10 Blätter Basilikum*
- *2 EL Oregano, getrocknet*
- *5 Knoblauchzehen*
- *2 kleine rote Zwiebeln*
- *1 rote Paprika*
- *2 Peperoni, scharf*
- *250 ml Olivenöl*
- *1 TL Salz*

ZEIT

30 Minuten

ZUBEREITUNG

1 Petersilie, Thymian, Rosmarin, Lorbeer und Basilikum waschen, zupfen und fein schneiden. Knoblauch und Zwiebeln fein, Paprika in kleine Würfel schneiden. Frische Kräuter mit Oregano, Paprika, Knoblauch und den Zwiebeln in eine Schüssel geben.
2 Die Peperoni der Länge nach aufschneiden, die Kerne und Scheidewände entfernen. In ganz feine Streifen schneiden und zu den anderen Zutaten geben.
3 Jetzt mit Olivenöl aufgießen, bis die Kräuter leicht bedeckt sind. Ordentlich durchmengen und zum Schluss mit Salz abschmecken.

TIPP

Das Chimichurri sollte am Tag vor der ersten Verwendung zubereitet werden, damit es durchziehen kann. Es lässt sich in einem verschlossenen Schraubglas einige Wochen im Kühlschrank lagern. Wichtig ist, dass es immer mit Öl bedeckt ist.

ZUTATEN

Ingwer-Limonen-Marinade (für 500 g Meeresfrüchte)

- 1 Stück Ingwer (etwa 2 cm)
- 50 ml Limonensaft
- 1 EL Honig
- 1 Knoblauchzehe
- ½ rote Chilischote
- 1 TL helle Sojasauce
- 5 schwarze Pfefferkörner
- 100 ml Rapsöl
- Schale einer ½ unbehandelten Limone
- ¼ Bund Koriander

Rotwein-Marinade (für 1 kg Fleisch)

- ½ Knollensellerie
- ½ Möhre
- 2 Zwiebeln
- 5 TL Pimentkörner
- 10 schwarze Pfefferkörner
- 1 Sternanis
- 1 cm Zimtstange
- 6 Wacholderbeeren
- 2 Lorbeerblätter
- 2 TL Zucker
- 750 ml Rotwein, trocken
- ¼ Bund Petersilie

ZEIT

jeweils 35 bis 40 Minuten

Ungegrillt

MARINADEN

Marinaden geben den Speisen nicht nur zusätzlichen Geschmack, sondern sorgen mit ihrem Säureanteil auch für zarteres Fleisch, ideal, wenn man gerade mal keine Spitzenqualität erwischt hat. Die Ingwer-Limonen-Marinade oszilliert zwischen süß, sauer, scharf und krautig und bringt ein fernöstliches Aroma. In der Rotwein-Marinade nimmt der Wein die Kräuter und Gewürze auf und gibt den Speisen einen sanften, erdigen Geschmack.

ZUBEREITUNG

Ingwer-Limonen-Marinade: Den Ingwer schälen und fein reiben. Limonensaft mit 100 ml Wasser und dem Honig in einem Topf aufkochen und den Ingwer hinzufügen. Anschließend den Limonen-Ingwer-Fond circa 20 Minuten auskühlen lassen. Knoblauchzehe in kleine Würfel schneiden, Kerngehäuse der Chilischote entfernen und diese in kleine Stücke schneiden. Knoblauch, Chili, Sojasauce und Pfefferkörner zu dem Fond geben. Danach langsam das Öl hinzugeben und mit einem Pürierstab aufmixen. Die Limonenschale in feine Streifen schneiden, Korianderblätter und -stiele klein zupfen, zur Marinade geben und gut umrühren.

Tipps: Das Grillgut sollte man mindestens 3 Stunden in dieser Marinade belassen, damit es gut durchziehen und Aromen aufnehmen kann. Wer keinen Koriander mag, kann diesen durch die gleiche Menge Petersilie oder Schnittlauch ersetzen. Diese Marinade eignet sich auch gut als Dipp oder Sauce zu ungewürzten, gegrillten Krustentieren wie beispielsweise Hummer.

Rotwein-Marinade: Das Gemüse schälen und in grobe Stücke schneiden. Die Gewürze in einem Mörser grob zerstoßen und in einem Topf trocken anrösten, damit sich die Aromen entfalten können. Anschließend das Gemüse in den Topf geben und ebenfalls ohne Öl anbraten, mit Zucker bestreuen und leicht karamellisieren lassen und schließlich mit Rotwein ablöschen. Weitere 20 Minuten leicht köcheln, danach abkühlen lassen. Petersilie grob zerrupfen und in die abgekühlte Marinade geben.

Tipps: Wild-, Lamm- und Rindfleisch lassen sich bestens mit dieser Marinade verfeinern. Das Fleisch im Ganzen oder in Stücken in die Marinade legen und darauf achten, dass alles gut bedeckt ist. Je nach Größe des Fleischstückes empfiehlt sich eine Marinierdauer von zwei (ausreichend für 1 kg Fleisch) bis fünf Tagen im Kühlschrank.

TZAZIKI UND BÄRLAUCHBUTTER

ZUTATEN

Tzaziki (für 4 Portionen)
- 1 große Salatgurke
- 4 Knoblauchzehen
- 500 g griechischer Joghurt (10 % Fett)
- 4 EL Olivenöl
- ½ EL Weißweinessig
- 1 TL Salz
- Pfeffer, frisch gemahlen
- 1 Spritzer Tabasco-Sauce
- 6 Blätter Minze

Bärlauchbutter
- 75 g Bärlauch (50–70 mittelgroße Blätter)
- 1 unbehandelte Limone
- 250 g Butter (Raumtemperatur)
- Fleur de Sel
- Cheyennepfeffer

ZEIT
- Tzaziki: 45 Minuten
- Bärlauchbutter: 15 Minuten

Tzaziki wird oftmals als typisch griechische kalte Vorspeise serviert und ist Bestandteil der Mezes (Vorspeisenplatte) – aber auch zu Gegrilltem absolut richtig am Platz. Für alle, die keinen Knoblauch mögen, empfiehlt sich Bärlauchbutter als Dipp. Sie ist schnell gemacht, und der Bärlauch kann selbst gesammelt werden.

ZUBEREITUNG

Tzaziki: Gurke der Länge nach halbieren und die Kerne mit einem Löffel ausschaben. Die Gurkenhälften in dünne Scheiben schneiden, am besten mit einem Gemüsehobel. Knoblauch schälen und fein hacken. Gurkenscheiben, Joghurt, Knoblauch, Olivenöl, Salz und Essig in ein passendes Gefäß füllen. Alles gut miteinander verrühren. Mindestens 30 Minuten ziehen lassen und mit Pfeffer, Tabasco und eventuell noch mit Salz abschmecken. Mit den ganzen Minzeblättern garnieren oder Minze in feine Streifen geschnitten untermischen.

Tipps: Anstatt des fettreichen griechischen Joghurts kann man auch Magerquark in der gleichen Menge verwenden. Ob Tzaziki wirklich aus Griechenland kommt, lässt sich nicht mit Sicherheit sagen. Verwandt sind ihm neben dem türkischen „Caci" noch das albanische „Taratoi", das bulgarische „Tarator", das persische „Mast-o-khiar" und das indische „Kheere ka Raita" (Raita mit Gurken).

Bärlauchbutter: Die Bärlauchblätter gründlich waschen und mit Küchenpapier trocken tupfen. Blätter klein schneiden, von der Limone 1 TL Schale abreiben. Anschließend die Butter mit einer Gabel zerdrücken. Bärlauch und Limonenschale hinzufügen und mit den Gewürzen vermengen, so dass eine homogene Masse entsteht. Bärlauchbutter in geeignete Schälchen abfüllen und diese im Kühlschrank lagern.

Tipps: Bärlauchbutter schmeckt prima zu Kartoffeln, auf Fleisch und überall dort, wo Kräuterbutter geeignet wäre. Mögen Sie keinen Knoblauch, dann haben Sie jetzt eine tolle Alternative. Bärlauch (Allium ursinum) gehört botanisch zur selben Gattung wie Knoblauch, Zwiebel und Schnittlauch und kann ebenso vielfältig in der Küche verwendet werden. Bärlauch wächst in Deutschland vielerorts wild in feuchteren Laubwäldern. Im März und April kann er gesammelt werden.

Dips, Marinaden & Co.

- 2 Knoblauchzehen
- 50 g Ingwer, frisch
- je 1 rote und grüne Thai-Chili
- 2 EL Öl
- 3 EL Tomatenmark
- 60 g brauner Zucker
- 300 ml Ananassaft
- 60 ml weißer Essig
- Salz, Pfeffer

**Zutaten Singapursauce
(für 500 ml)**

- 1 Bund Frühlingszwiebeln
- 2 Chilischoten
- 5 Knoblauchzehen
- 1 mittelgroßes Stück Ingwer (3–4 cm)
- ¼ Bund Koriander
- 1 EL Erdnussöl
- 4 TL Zucker
- 4 EL Tomatenmark
- Salz, Pfeffer
- 2 EL Speisestärke
- 3 EL Reisweinessig
- 4 EL helle Sojasauce
- 500 ml Gemüsebrühe (Seite 99)

ZEIT

- Thailändische Chilisauce: 25 Minuten
- Singapursauce: 30 Minuten

Ungegrillt

CHILISAUCEN

Viele Chilisaucen haben einen asiatischen Ursprung. Chilis gehören zu den Paprikapflanzen und stammen eigentlich aus Mittel- und Südamerika. Über Europa fand die Chili nach Asien und dort eine zweite Heimat in der sie sehr geliebt wird – viele Chilisaucen haben deshalb einen asiatischen Ursprung.

ZUBEREITUNG

Thailändische Chilisauce: Knoblauch und Ingwer schälen und fein hacken. Chilis putzen, den Stielansatz und die Kerne entfernen und dann in dünne Ringe schneiden. Öl in einem Topf erhitzen. Knoblauch, Ingwer und Chilis darin andünsten. Das Tomatenmark hinzugeben und kurz anrösten. Etwa ¾ des braunen Zuckers zugeben und schmelzen lassen. Mit dem Ananassaft und Essig auffüllen und etwa 20 Minuten leicht köcheln lassen. Danach mit Salz, Pfeffer und dem restlichen braunen Zucker abschmecken. Alles noch heiß in eine passende Flasche geben und abkühlen lassen. Hält sich im Kühlschrank ungefähr 4 Wochen.

Tipps: Um der Chilisauce eine exotischere Note zu geben, kann man den Ananassaft durch die gleiche Menge Mangosaft ersetzen. Thai-Chilis sind 3 bis 4 Zentimeter lang, grün oder rot und auch in ganz normalen Supermärkten zu finden, zuweilen unter den Bezeichnungen „Pfefferonen" oder „Bird's Eye". Für die scharfe asiatische Küche sind sie unentbehrlich und können auch gut als Ersatz für andere scharfe Chilisorten verwendet werden.

Singapursauce: Die Frühlingszwiebeln waschen und putzen, bei den Chilis das Kerngehäuse entfernen und alles in feine Ringe schneiden. Knoblauch und Ingwer schälen und fein hacken. Koriander abspülen und ebenfalls fein hacken. Knoblauch in Erdnussöl in einem Topf kurz anbraten, die Chilis dazugeben und 1 bis 2 Minuten weiter braten, ohne dass Knoblauch oder Chilis verbrennen. Zucker und Tomatenmark dazugeben, mit Salz und Pfeffer würzen und mit Speisestärke bestäuben. Anschließend mit Essig und Sojasauce ablöschen und gut durchrühren. Ingwer dazugeben und mit der Gemüsebrühe auffüllen und nochmals aufkochen. Koriander und Frühlingszwiebeln dazugeben, alles mischen und abschmecken.

Tipps: Diese Sauce eignet sich warm oder kalt zu gegrillten Garnelen (Seite 139 und 140). Versuchen Sie mal Folgendes: Lassen Sie die Garnelen nach dem Grillen noch etwas in der warmen Sauce ziehen.

VORAB UND DAZU

Wir hätten dieses Kapitel auch Vorspeisen nennen können, aber es geht um mehr: Eine Quesadilla zwischendurch hebt die Stimmung bei Ihren Gästen. Wenn Sie gekonnt den Teigfladen eines Naan-Brotes auf den Grill werfen, gibt es was zu staunen am Tisch. Und natürlich gehören Salate zu einem Grillfest. Und manche davon können Sie sogar mithilfe des Grills zubereiten.

FLAMMKUCHEN

ZUTATEN *für 8 Portionen*
- *500 g Mehl*
- *1 Pck. Trockenhefe (7 g)*
- *½ TL Zucker*
- *1 TL Salz*
- *3 EL Schweineschmalz*
- *3 mittelgroße Zwiebeln (etwa 300 g)*
- *200 g Bauchspeck, geräuchert*
- *300 g Schmand*
- *Salz, Pfeffer*
- *Muskatnuss, gemahlen*
- *Sonstiges: Pizzastein (siehe Tipp 3)*

ZEIT
15 Minuten Vorbereitung;
45 Minuten Ruhezeit,
5 Minuten Backen

Flammkuchen stammt aus dem Elsass. Der klassische Flammkuchen wurde früher im gemauerten Holzofen gebacken, gleich nach dem Anheizen und noch bevor das Brot für die Woche produziert wurde. Als Teig kam deshalb auch derselbe zur Verwendung, mit dem man anschließend das Brot backte. Ebenso bestand der Belag aus Zutaten, die auf dem bäuerlichen Hof verfügbar waren.

ZUBEREITUNG
1 Mehl, Hefe, Zucker und Salz vermischen. Schweineschmalz und 330 ml lauwarmes Wasser hinzufügen und gut durchkneten. 45 Minuten ruhen (gehen) lassen.
2 Währenddessen den Grill bei geschlossenem Deckel mit Holzkohle auf circa 300 °C erhitzen, einen Pizzastein auflegen und 30 Minuten aufheizen.
3 Zwiebeln schälen, halbieren und in möglichst feine Streifen schneiden. Speck in 5 mm dicke Scheiben und dann längs in dünne Streifen schneiden.
4 Schmand mit je einer Prise Salz, Pfeffer und Muskat würzen.
5 Teig in 8 Portionen teilen und mit einem Nudelholz auf einer gut bemehlten Unterlage möglichst dünn ausrollen. 2 bis 3 EL Schmand auf den Teig geben und gleichmäßig bestreichen. Zwiebel und Speck darauf verteilen.
6 Belegten Teigfladen mithilfe eines Brettes oder Ähnlichem auf den Pizzastein bringen und in 3 bis 5 Minuten fertig backen. Dabei gelegentlich mit einem Pfannenwender vorsichtig anheben und darauf achten, dass der Boden nicht verbrennt.

TIPPS
1 Den Teig möglichst am Vortag zubereiten und über Nacht im Kühlschrank gehen lassen. Der Teig wird dadurch luftiger und wirft beim Backen Blasen.
2 Weitere köstliche Varianten sind Flammkuchen mit Greyerzer Käse, Flammkuchen mit Knoblauch und Petersilie oder süßer Flammkuchen mit Apfelscheiben und Zimt, wobei die Apfelscheiben zuvor mit 2 cl Calvados flambiert werden. Der Calvados sollte 45 bis 50 Vol.-% Alkohol enthalten, damit er zum Flambieren geeignet ist. Zum Entzünden benutzen Sie am besten ein langes Streichholz oder ein Stabfeuerzeug.
3 Einen Pizzastein können Sie sich beim Ofensetzer zuschneiden lassen, auch im Internet gibt es Angebote.

ZUTATEN *für 4 Portionen*

- *500 g Mehl*
- *350 ml Milch*
- *1 Pck. Trockenhefe (7 g)*
- *1 TL Zucker*
- *½ TL Salz*
- *1 EL Margarine oder Butter*
- *400 g Lammhackfleisch*
- *200 ml pürierte Tomaten*
- *½ TL Zucker*
- *1 Zwiebel*
- *2 Knoblauchzehen*
- *½ TL Koriander, gemahlen*
- *½ TL Kreuzkümmel*
- *Salz, Pfeffer*
- *1 TL Paprikapulver oder Pul Biber*
- *1 grüne Chilischote*
- *2 EL Tomatenmark*
- *125 g Margarine*
- *1 Bund Petersilie*
- *1 unbehandelte Zitrone*
- *Sonstiges: Pizzastein (siehe Tipp Seite 68)*

ZEIT

30 Minuten Vorbereitung,
60 Minuten Ruhezeit,
5 Minuten Grillen je Fladen

Direktes Grillen

LAHMACUN

Der Name „Lahmacun" bedeutet auf Türkisch „Fleisch mit Teig". Auch bei anderen Turk-Völkern, in Armenien und im Nahen Osten erfreut sich diese Hackfleischpizza großer Beliebtheit. Traditionell wird Lahmacun entweder gerollt und mit Salat gefüllt oder pur gegessen.

ZUBEREITUNG

1 Das Mehl in eine Schüssel geben. Milch auf 30 °C (handwarm) erwärmen, darin Hefe und Zucker verrühren und 10 Minuten stehen lassen. Dann die Flüssigkeit zum Mehl geben, Salz und Margarine hinzufügen, alles mischen und 10 Minuten kneten. Zu einer Kugel formen und 30 bis 60 Minuten gehen lassen, bis der Teig das doppelte Volumen erreicht hat.

2 Währenddessen den Grill auf hohe Hitze vorheizen, etwa 300 °C. Pizzastein auflegen und mindestens 30 Minuten heiß werden lassen.

3 Lammhackfleisch in eine Schüssel füllen. Pürierte Tomaten und Zucker untermischen, Zwiebel und Knoblauch hacken und dazugeben. Koriander, Kreuzkümmel, Salz, Pfeffer, Paprikapulver, gehackte Chilischote und Tomatenmark zugeben. Zimmerwarme Margarine oder Butter mit einer Gabel unter die Fleischmasse mischen. Dadurch wird verhindert, dass das Hackfleisch beim Backen zusammenklebt.

4 Portionen von etwa 150 g vom Teig abnehmen und mit einem Nudelholz auf einem leicht bemehlten Brett ungefähr 2 mm dünn ausrollen, so dass ein Fladen von etwa 26 cm Durchmesser entsteht. Mit je 4 EL Belag bedecken.

5 Lahmacun auf den Pizzastein legen und circa 5 Minuten backen. Während des Backens Petersilie hacken und über die gebackenen Fladen verstreuen. Mit Zitronenspalten servieren oder mit Zitronensaft beträufeln.

TIPPS

1 In der türkischen Küche wird statt Paprikapulver Chilipulver (Pul Biber) verwendet. Pul Biber ist in Deutschland in türkischen Geschäften erhältlich.

2 Nach Geschmack können Sie auch Schafskäsewürfel, kleingeschnittene Tomaten, Zwiebelringe, Chilis und geschnittenen Kopfsalat als Belag verwenden. Versuchen Sie auch Koriandergrün statt Petersilie oder – wenn es schärfer sein soll – gehackte Chilischoten.

3 Wird der Fladen kürzer und bei niederer Temperatur gebacken, bleibt er geschmeidig und kann so prima gerollt werden.

NAAN-BROT

ZUTATEN *für 8 Portionen*
- *800 g Mehl (Type 812)*
- *1 Pck. Trockenhefe (7 g)*
- *3 TL Zucker*
- *60 g Joghurt*
- *2 TL Salz*
- *1 Ei*
- *60 ml Butterschmalz oder Ghee und etwas mehr zum Bestreichen*
- *Sonstiges: evtl. Pizzastein*

ZEIT

20 Minuten Vorbereitung, 45 Minuten Gehzeit (oder über Nacht), 10 Minuten Grillen

Naan ist eine von Iran bis Indien und in den östlichen Regionen Chinas bekannte Brotvariante. Traditionell wird Naan im Tandoor, einer Art Stein- oder Lehmofen, gebacken. Das Backergebnis auf dem Grill wird am besten, wenn Sie einen Pizzastein verwenden. Eindrucksvoller ist es aber, wenn sie die Teigfladen direkt auf den Rost werfen und die Brote spektakulär aufgehen. Das erfordert ein bisschen Übung.

ZUBEREITUNG

1 180 ml lauwarmes Wasser in eine Schüssel geben und 3 EL Mehl und die Hefe einrühren, danach 1 TL Zucker hinzufügen. 10 Minuten ruhen lassen, bis sich Schaum bildet. Das zeigt, dass die Hefe aktiv ist.
2 Joghurt während der Ruhezeit in einer anderen Schüssel glatt rühren und den restlichen Zucker sowie das Salz zugeben. Ei unterrühren und mit dem Hefeansatz vermischen. Nach und nach das übrige Mehl einkneten, bis ein fester Teig entsteht. Mindestens 10 Minuten kneten und zu einer Kugel formen. Mit einem Teil des flüssigen Butterschmalzes dünn bestreichen, so dass die gesamte Oberfläche mit einem Film bedeckt ist. Das verhindert das Austrocknen. Anschließend mit einem Tuch bedecken und an einem warmen Ort gehen lassen, bis das Teigvolumen sich verdoppelt hat. Mindestens 45 Minuten – am besten über Nacht – gehen lassen (siehe Tipp 2).
3 Grill auf mindestens 250 °C vorheizen. Den Teig in 16 Kugeln teilen und weitere 10 Minuten ruhen lassen. Die Teigkugeln flach auseinander drücken und in Tränenform ziehen. Der Teig darf am Rand ruhig dicker sein als in der Mitte. Fladen in indirekter Position auf den Rost oder den Pizzastein legen, mit flüssigem Butterschmalz bestreichen und 10 Minuten fertig backen.

TIPPS

1 Für Naan-Brot oder Pizza sollten Sie Holzkohle statt -briketts verwenden, da diese eine höhere Hitze erzeugen, die hier beim Backen nötig ist.
2 Wie bei Pizza- oder Flammkuchenteig wird auch der Naan-Teig am besten am Vortag zubereitet, da er dann beim Backen mehr Blasen wirft.
3 Es sind viele Varianten möglich: Streuen Sie einfach vor dem Backen Mohn, Sesam oder Schwarzkümmel auf den Teig, oder mengen Sie dem Teig gemahlenen Koriander, Kreuzkümmel oder Bockshornkleesamen bei.

PIZZA VOM GRILL

ZUTATEN *für 4 Portionen*

Teig
- 1 Pck. Trockenhefe (7 g)
- 1 TL Zucker
- 500 g Mehl (Type 550)
- ½ TL Salz
- 2 EL Olivenöl
- Mehl oder Grieß (zum Ausrollen und Bemehlen)

Tomatensauce
- 1 Zwiebel
- 3 EL Olivenöl
- 250 ml pürierte Tomaten
- 2 Knoblauchzehen
- Zitronensaft
- 1 TL Zucker
- Salz, Pfeffer
- 2 EL Pizzagewürz (fertig gekauft oder selbst gemacht, siehe Tipp)

Belag
- Käse (Mozzarella oder geriebener Gouda)
- nach Belieben (Schinken, Salami, Zwiebeln, Paprika, Meeresfrüchte)

- Sonstiges: Pizzastein

ZEIT
*60 Minuten Vorbereitung,
70 Minuten Gehzeiten,
5 Minuten Grillen je Pizza*

Eine gute Pizza wird traditionell im Steinofen auf offenem Feuer gebacken. Was also liegt näher, als dieses Gericht auf dem Grill zuzubereiten? Dazu benötigen Sie einen geschlossenen Grill und nach Möglichkeit einen Pizzastein. Sind diese Voraussetzungen gegeben, steht Ihrer perfekt gebackenen Pizza nichts mehr im Wege. Diese braucht den Vergleich mit jeder Pizzeria nicht im Mindesten zu scheuen.

ZUBEREITUNG

1 Für den Teig 350 ml lauwarmes Wasser in einer Schüssel mit der Hefe, dem Zucker und 2 EL Mehl verrühren. 10 Minuten ruhen lassen. An der Oberfläche sollte sich etwas Schaum bilden. Salz und Öl zum Vorteig geben und das restliche Mehl nach und nach einrühren. Mindestens 10 Minuten kneten. Die Schüssel mit einem Küchentuch abdecken und eine Stunde bei Zimmertemperatur gehen lassen. Danach Portionen zu 150 g abwiegen und zu kleinen Kugeln kneten.

2 Für die Tomatensauce zunächst Kräuter für das Pizzagewürz mischen und in ein luftdicht verschlossenes Gefäß füllen. Von diesem Vorrat bedient man sich später. Dann Zwiebel fein hacken und in Olivenöl bei mittlerer Stufe glasig dünsten, nicht braun werden lassen. Pürierte Tomaten in die Pfanne geben und einmal aufkochen lassen, dann den Herd abschalten. Den gehackten Knoblauch in die Tomatensauce geben und mit einem Spritzer Zitronensaft, Zucker, Salz und Pfeffer abschmecken. Erkalten lassen. 2 EL Pizzagewürz unterheben.

3 Grill mit geschlossenem Deckel stark aufheizen, am besten mit Holzscheiten und -kohle. Pizzastein einlegen und mindestens 20 Minuten Temperatur aufnehmen lassen.

4 Teig auf einer bemehlten Arbeitsplatte dünn ausrollen und einige Minuten ruhen lassen. 2 bis 3 EL Tomatensauce auf den Teig geben und verteilen, so dass ein Rand bleibt. Geraspelten Käse auf die Tomatensauce geben, darüber den in Streifen oder Scheiben geschnittenen Belag nach Geschmack.

5 Den Teigfladen von mit einem mit Grieß bestreutem Holzbrett auf den Pizzastein rutschen lassen und 5 bis 7 Minuten bei geschlossenem Deckel backen, bis der Boden knusprig braun und der Käse geschmolzen ist. Schon nach 3 bis 4 Minuten Deckel öffnen, Pizza leicht anheben und kontrollieren, ob dieser schon fertig ist.

TIPP

Pizzagewürz selber machen: Je 2 EL Basilikum, Oregano, Majoran, Rosmarin und je 1 EL Zitronenmelisse, Thymian, Bohnenkraut, Salbei (alle getrocknet) mischen.

QUESADILLAS

ZUTATEN *für 4 Portionen*
- *6–8 Cocktailtomaten (je nach Größe)*
- *4 Peperoni*
- *1 Bund Frühlingszwiebeln*
- *4 mittelgroße Weizentortillas*
- *200 g Frischkäse*
- *½ Bund glatte Petersilie*
- *100 g Emmentaler, gerieben*
- *100 g Butter*

ZEIT
10 Minuten Vorbereitung, 2 bis 4 Minuten Grillen

Quesadillas liegen bei fast jedem Wettbewerb auf den Grills der Weltmeister – allerdings nicht für die Jury, sondern fürs Team, als kleiner Snack zwischendurch. Damit hält Organisationschef Per-Olof Daude das Team bei Laune. Die Basis dieser ursprünglich mexikanischen Spezialität bildet immer eine mit Käse gefüllte Mais- oder Weizentortilla. Quesadillas eignen sich hervorragend als Appetizer auf einer Gartenparty, in der doppelten Menge auch als schnell gemachter Snack – für Gäste oder Grillmeister.

ZUBEREITUNG

1 Gemüse waschen. Cocktailtomaten, Peperoni und Frühlingszwiebeln in feine Scheiben schneiden, dann die Weizentortillas mit Frischkäse bestreichen und jeweils zur Hälfte dünn mit dem Gemüse belegen. Petersilie fein hacken und ebenfalls auf den Tortillas verteilen.

2 Den geriebenen Käse über die Gemüsemischung geben und die Tortillas in der Mitte zusammenklappen. Stapeln und mit einem Teller beschweren, so dass die Quesadillas noch etwas flach gedrückt werden.

3 Butter zerlassen. Die Quesadillas über niedriger direkter Hitze von beiden Seiten 1 bis 2 Minuten grillen und dabei mit der Butter bestreichen. Darauf achten, dass die Hitze nicht zu hoch ist, damit die Tortillas nicht anbrennen und der Käse dennoch schmelzen kann.

4 Die fertigen Quesadillas dritteln oder halbieren und als Fingerfood warm servieren.

TIPP

Bei diesem Gericht lassen sich hervorragend Reste verwerten. Rucola statt Petersilie gibt einen herzhafteren Geschmack, Hähnchenreste in kleinen Stücken machen es reichhaltiger, verschiedene Käsesorten entfalten ihr eigenes Aroma.

ATOMIC BUFFALO TURDS

ZUTATEN *für 4 Portionen*
- 100 g Jalapeños
- 100 g Cheddar
- 50 g Bacon
- Sonstiges: 20 Zahnstocher

Gewürzmischung (Vorrat)
- 2 TL schwarze Pfefferkörner
- 1 TL Senfsaat
- 2 EL Salz
- 3 EL Zucker
- 2 EL Paprikapulver
- 2 TL Zwiebeln, granuliert

ZEIT
30 Minuten Vorbereitung, 15 Minuten Grillen

Atomic Buffalo Turds (ABTs) sind amerikanische BBQ-Klassiker und können je nach verwendeter Chilisorte sehr scharf werden. Zusammen mit dem knusprig gegrillten Bacon ergibt sich ein toller Snack, der sich nicht nur als Vorspeise eignet. Die Gewürzmischung ist sehr universell einsetzbar, die hier angegebene Menge für einen Vorrat gedacht.

ZUBEREITUNG

1 Für die Gewürzmischung zuerst Pfeffer und Senf im Mörser zerstoßen, dann die anderen Gewürze zugeben und zermahlen.

2 Jalapeños waschen, den Strunk entfernen, längs aufschneiden und die Kerne sowie die Scheidewände herauskratzen. Den Cheddar in passende Spalten schneiden, diese der Länge nach in die geputzten Chilischoten legen und mit der Gewürzmischung bestreuen.

3 Die gefüllten Jalapeñohälften mit je einer Scheibe Bacon umwickeln und diesen mit einem Zahnstocher fixieren.

4 Circa 15 Minuten indirekt grillen. Als Fingerfood oder Beilage servieren.

TIPPS

1 Jalapeños stammen ursprünglich aus Mexiko und sind in Deutschland oftmals nur eingelegt zu finden. Ein guter Gemüsehändler kann sie aber problemlos besorgen. Nicht zu verwechseln sind sie allerdings mit den spanischen Bratpaprika (Pimientos de Padrón) – diese reichen nicht an die Schärfe der Jalapeños heran.

2 Als nicht scharfe Alternative können auch Vitapeps, das sind kleine bunte Paprikas, verwendet werden. Auch die Füllung können Sie variieren, indem Sie Frischkäse mit der Gewürzmischung verrühren.

GEFÜLLTE PAPRIKA ALLA PUTTANESCA

ZUTATEN *für 4 Portionen*

Paprika alla puttanesca
- *500 ml Tomatensauce (Rezept siehe unten)*
- *½ TL Zucker*
- *¼ TL Chilipulver*
- *1 TL italienische Kräuter (Oregano, Basilikum, Thymian, Salbei)*
- *200 g Nudelreste*
- *4 Cocktailtomaten*
- *1 kleine Zwiebel*
- *120 g Fetakäse*
- *16 schwarze Oliven*
- *16 Kapern*
- *2 Sardellenfilets*
- *160 g Parmesankäse*
- *Salz, Pfeffer*
- *je 2 große rote und gelbe Paprika*
- *8 Basilikumblätter*

Schnelle Tomatensauce (500 ml)
- *50 g Tomatenmark*
- *½ TL Zucker*
- *1 EL Olivenöl*
- *1 Dose Tomaten, gewürfelt (etwa 400 g netto)*
- *100 ml Gemüsebrühe (Seite 99)*
- *Salz*
- *Chilipulver*

ZEIT
- *Paprika alla puttanesca: 30 Minuten Vorbereitung, 40 Minuten Grillen*
- *Schnelle Tomatensauce: 15 Minuten*

Gefüllte Paprikaschoten werden im Normalfall mit Hackfleisch pur oder Reis gefüllt und im Backofen geschmort. Es geht aber auch auf dem Grill: gefüllt mit Nudeln, Tomaten, Sardellen, Kapern, Oliven und Käse „alla puttanesca". Was die Huren (italienisch: puttana) mit diesem Rezept zu tun haben, erklärt sich wahrscheinlich so: Prostituierte erhielten in den italienischen Bordellen der 1950er-Jahre nur selten die Erlaubnis zum Einkauf. Und so verwendeten sie bei diesem Rezept die Inhalte der Speisekammer.

ZUBEREITUNG

Paprika alla puttanesca
1 Die Tomatensauce mit Zucker, Chili und Kräutern würzen und in eine etwa 26 cm mal 20 cm große Auflaufform füllen.

2 Gemüse waschen, gekochte Nudeln, Tomaten, Zwiebel, Feta, Oliven, Kapern und Sardellen klein schneiden. Parmesan reiben. Danach alles mit der Hälfte des Parmesankäses in einer Schüssel vermengen und gegebenenfalls mit Salz und Pfeffer abschmecken.

3 Die Paprika der Länge nach halbieren. Danach mit der Masse aus gekochten Nudeln, Gemüse und Käse füllen. Halbierte Paprika in die Auflaufform mit der Tomatensauce geben. 40 Minuten indirekt grillen und kurz vor dem Servieren mit Parmesan bestreuen. Paprika mit der Tomatensauce anrichten und mit den Basilikumblättern garnieren.

Tipps: Wenn Sie die Paprika vor dem Grillen mit etwas Olivenöl einpinseln, wird die Haut beim Grillen nicht schwarz, sondern bleibt saftig. So kann sie anschließend mitgegessen werden. Übrigens: Rote Paprika enthalten doppelt so viel Vitamin A und C wie grüne und schmecken auch süßer.

Schnelle Tomatensauce: Tomatenmark in einem Topf auf dem Grill mit Zucker im Olivenöl anschwitzen. Die Tomaten und die Gemüsebrühe hinzufügen, ungefähr 8 Minuten aufkochen und mit Salz und Chili abschmecken. Nach Bedarf die Sauce mit ein wenig Wasser verdünnen.

Tipp: Anstelle der Dosentomaten können auch circa 1 kg frische reife Tomaten verwendet werden. Tomaten geachtelt und ohne Stielansätze dazugeben.

RICHTIG SPIESSEN

Oft werden Spieße beim Grillen verwendet. Auch für die Rezepte in diesem Buch. Bei Metallspießen achte ich immer darauf, dass sie im Durchmesser nicht zu dick und auch nicht exakt rund sind. Bei Spießen mit eckigem Querschnitt verdrehen sich die aufgespießten Stücke nämlich nicht so schnell.

HACKFLEISCHZWIEBELN

ZUTATEN *für 4 Portionen*

- *4 große Gemüsezwiebeln*
- *400 g Hackfleisch, gemischt*
- *2 TL Majoran, getrocknet*
- *Pimentón de la Vera (picante)*
- *Salz, Pfeffer*
- *Zucker*
- *50 g Parmesankäse*
- *Sonstiges: Kugelausstecher*

ZEIT

*15 Minuten Vorbereitung,
45 Minuten Grillen*

Mit Hackfleisch gefüllte Zwiebeln sind ein süß-herzhaftes Gericht. Die Gemüsezwiebeln verlieren bei der Zubereitung ihre ohnehin geringe Schärfe und werden eher süß, zusammen mit der Füllung erhält man einen wunderbaren Kontrast.

ZUBEREITUNG

1 Die Zwiebeln schälen, Wurzelansatz entfernen, aber darauf achten, dass die Zwiebel unten geschlossen bleibt. Die Spitze der Zwiebeln abschneiden, so dass sie wie auf den Fotos aussehen, und mit einem Kugelausstecher oder mit einem kleinen Messer und Löffel aushöhlen. Dabei sollten mindestens 2 cm Zwiebelrand vorhanden bleiben.
2 Das Zwiebelinnere fein hacken, in einer Schüssel mit Hackfleisch und Majoran vermengen und mit Pimentón de la Vera, Salz, Pfeffer und einer Prise Zucker würzen.
3 Hackfleischmasse in die Zwiebeln füllen und diese indirekt 40 Minuten grillen, den Parmesan darüberreiben und weitere 5 Minuten grillen. Mit grünem Salat servieren.

TIPPS

1 Das verwendete Pimentón de la Vera ist ein Pulver aus über Eichenholz geräucherten Paprika, das man in vielen Supermärkten bekommt. Notfalls kann es auch durch Rosenpaprika ersetzt werden.
2 Als vegetarische Variation kann man das Hackfleisch auch durch gekochten Reis ersetzen. Den Reis kochen, würzen und wie oben beschrieben in die Zwiebeln füllen.

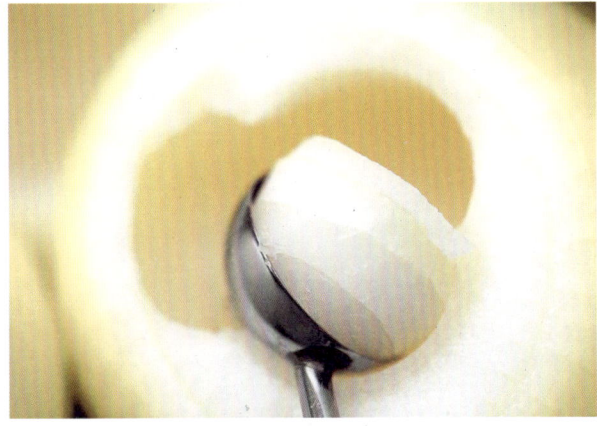

GRILLKÄSE

ZUTATEN *für 4 Portionen*

Gegrillter Schafskäse

- *200 ml Tomatensauce (siehe Seite 81)*
- *Salz, Pfeffer*
- *1 TL italienische Kräuter (Oregano, Basilikum, Thymian, Salbei)*
- *Olivenöl (zum Einfetten)*
- *400 g Schafskäse (für mehr Würze Ziegenkäse verwenden)*
- *1 rote Zwiebel*
- *1 rote Paprika*
- *8 Cocktailtomaten (Cherrytomaten)*
- *1 TL Schnittlauch, frisch*
- *½ TL Rosmarin, frisch oder getrocknet*

Cedar planked Camembert

- *4 Camemberts (mindestens 45% Fett i. Tr.)*
- *2 EL Cranberries (frisch oder Konserve)*
- *Sonstiges: 2 Zedernholzplanken*

ZEIT

- *Gegrillter Schafskäse: 15 Minuten Vorbereitung, 45 Minuten Grillen*
- *Cedar planked Camembert: 20 Minuten, ohne Wässern der Planke*

Käse vom Grill? Das geht einfach, schnell und bringt Ihre Gäste zum Staunen. In Griechenland wurde der Fetakäse ursprünglich in den Tavernen kurz direkt auf dem Rost oder auf einer Grillplatte zubereitet und nur mit frischen Kräutern gewürzt. Der Camembert hingegen erhält durch die Zedernholzplanke ein feines Raucharoma.

ZUBEREITUNG

Gegrillter Schafskäse

1 Tomatensauce mit Salz, Pfeffer und den Kräutern würzen und in eine mit Olivenöl ausgepinselte, etwa 26 cm x 20 cm große, feuerfeste Form füllen. Den Schafskäse in die Tomatensauce legen und die in Ringe geschnittene Zwiebel und Paprika obenauf legen.

2 Die Cocktailtomaten außen herum verteilen. Den Käse etwa 40 Minuten indirekt grillen, danach mit Schnittlauch und Rosmarin garnieren und warm servieren.

Tipp: Nicht jeder Schafskäse ist ein Feta und nicht jeder Feta ein Schafskäse. Echter griechischer Feta kann aus Schafs- oder Ziegenmilch hergestellt werden.

Cedar planked Camembert

1 Die ungefähr 30 bis 60 Minuten gewässerte Planke etwa 1 Minute direkt über der Glut angrillen, damit sie etwas anbrennen kann. Die Planke wenden und den Camembert auflegen.

2 Bei geschlossenem Deckel die belegte Planke zunächst direkt über die Glut legen. Dabei kommt es zu einer feinen Rauchentwicklung. Nach 3 Minuten die Planke neben der Glut platzieren. Der Käse braucht nun noch 10 bis 15 Minuten, bis er innen komplett geschmolzen ist. Die äußere Schicht sollte nach dieser Zeit eine schöne, goldbraune Farbe angenommen haben.

3 Den Käse mit einem Spachtel von der Planke auf den Teller heben und den „Deckel" kreuzförmig einschneiden. Die Ecken aufklappen, und der geräucherte Camembert kann nun mit den Cranberries angerichtet und serviert werden.

Tipps: Die Zedernplanken können mehrfach wiederverwendet werden. Diese Planken mit dem ganz besonderen Raucharoma bekommt man im Grill-Fachhandel oder im Forstamt Hamburg. Allein dort wird diese spezielle Rotzedernart in Deutschland kultiviert. Der Camembert ist eine schöne Vorspeise, die gut mit gebuttertem, angegrilltem Toastbrot harmoniert.

ZIEGENKÄSESPIESSE IM BACONMANTEL

ZUTATEN *für 4 Portionen*
- *1 Ziegenkäserolle (200 g, Weichkäse mit Weißschimmel)*
- *8 dünne Scheiben Bacon (Frühstücksspeck)*
- *Sonstiges: 4 Holzspieße (15 cm lang)*

ZEIT
10 Minuten Vorbereitung, 2 bis 3 Minuten Grillen

Feta findet man sehr häufig als Grillgericht, Frischkäse wird auch gerne mal als Füllung verwendet, aber Ziegenkäse auf Grillspießen – das ist etwas Besonderes. Um die über 100 verschieden Sorten zu ordnen, wird Ziegenkäse in die Kategorien Weichkäse, Hartkäse, Schnittkäse und Frischkäse eingeteilt. Hierbei gilt: Je reifer der Käse, desto aromatischer ist sein Geschmack. Er passt optimal zu Bacon, der bei diesem Gericht den weich werdenden Käse zusammenhält.

ZUBEREITUNG

1 Ziegenkäserolle in 8 gleich große Scheiben von etwa 1 cm Dicke schneiden.

2 Baconscheiben jeweils um eine Scheibe Ziegenkäse wickeln, danach je zwei Käse-Bacon-Päckchen der Länge nach auf einen Spieß stecken.

3 Anschließend die Spieße 2 bis 3 Minuten von jeder Seite direkt grillen, bis der Käse leicht anfängt zu schmelzen, und als Fingerfood noch lauwarm servieren.

TIPPS

1 Wer noch nie Ziegenkäse gekostet hat, sollte zuerst junge, weniger gereifte Sorten versuchen. Für diejenigen, die keinen Ziegenkäse mögen, können auch Scheiben aus Rollen von Camembert oder Briekäse verwendet werden.

2 Eine spannende Variante funktioniert mit einem fruchtigen Apfel. Wählen Sie dazu eine süße Sorte (zum Beispiel Red Delicious, Gala, Braeburn). Dazu von zwei Äpfeln das Kerngehäuse ausstechen und die Äpfel in etwa 1 cm dicke Scheiben schneiden. Je eine Scheibe Ziegenkäse zwischen zwei Apfelscheiben legen und mit 2 Scheiben Bacon umwickeln. Dann wie oben beschrieben grillen.

DATTELN UND PFLAUMEN IM BACONMANTEL

ZUTATEN *für 4 Portionen*
- *12 getrocknete, entsteinte Datteln*
- *50 g Kräuterfrischkäse*
- *12 getrocknete Pflaumen (Dörrpflaumen)*
- *12 Scheiben Bacon*
- *Sonstiges: 4 Holzspieße (etwa 25 cm lang)*

ZEIT
15 Minuten Vorbereitung, 30 Minuten Grillen

Diese süß schmeckende Beilage kann auch jeder BBQ-Anfänger leicht zubereiten. Datteln sind reich an Energie – 100 Gramm frische Datteln haben circa 275 bis 300 kcal – eine Power-Beilage. Pflaumen in einer Baconhülle schmecken ebenfalls gut. Beide Variationen können als Beilage zu Geflügel, Spare Ribs oder auch als Snack zwischendurch gereicht werden.

ZUBEREITUNG

1 Die Holzspieße in einer Schale wässern, damit sie auf dem Grill nicht verbrennen. Den Grill auf niedrige Hitze von circa 120 °C vorheizen.

2 Die Datteln am Schnitt aufklappen. Zum Füllen mit einem Teelöffelstiel etwas Frischkäse in die Dattelhälften geben, Datteln zuklappen und überschüssigen Frischkäse abstreifen.

3 Die Baconscheiben nebeneinander auf ein Holzbrett legen. Jede Dattel und jede Pflaume mit Bacon umwickeln, in der Regel benötigt man maximal eine halbe Scheibe Bacon pro Frucht, den Rest abschneiden.

4 Nun jeweils 6 Datteln oder Pflaumen auf einen Holzspieß stecken – Sie können auch gemischte Spieße machen. Die Spieße indirekt grillen. Nach etwa 15 Minuten wenden, weitere 15 Minuten später sind sie fertig. Der Bacon sollte dann gebräunt sein, das Fett sich aufgelöst haben. Die Datteln und Pflaumen vom Spieß abstreifen und als Beilage oder Snack servieren.

TIPP

Anstatt Bacon kann Schinken verwendet werden. Bei dieser Variante sollte jedoch direkt gegrillt werden, dadurch geht es auch wesentlich schneller: nach 2 bis 3 Minuten müssen die Spieße dann vom Grill, da der Schinken schnell trocken wird.

GEBACKENE ZITRONE MIT MOZZARELLA

ZUTATEN *für 6 Portionen*

- *3 große unbehandelte Zitronen*
- *1–3 Tomaten, je nach Größe*
- *200 g Büffelmozzarella*
- *3 Sardellenfilets*
- *6 Blätter frisches Basilikum*
- *Olivenöl*

ZEIT

*10 Minuten Vorbereitung,
15 Minuten Grillen*

Ein kleiner, mediterraner Appetithappen, um Mozzarella einmal anders als nur auf die bei uns übliche Art mit Tomaten zu genießen. Abgeschaut haben wir uns das von Jamie Oliver, der dicke Zitronenhälften mit Mozzarella und weiteren Zutaten füllt und im Backofen backt. Der Backofen bei diesem Rezept ist der geschlossene Grill, und die halbierten Zitronen bewahren die Säfte in sich wie eine Tasse.

ZUBEREITUNG

1 Den Grill für indirektes Grillen bei mittlerer Hitze (etwa 160 °C) vorbereiten.
2 Zitronen waschen, Enden oben und unten abschneiden, dann halbieren. So kann jede Hälfte mit der Schnittfläche nach oben später auf dem Rost platziert werden. Fruchtfleisch entfernen und etwas Saft aufheben.
3 Tomaten waschen, vierteln, Kerne entfernen und würfeln. Mozzarella klein würfeln oder zupfen, Sardellen halbieren. Basilikum waschen und Blätter von den Stielen zupfen.
4 Nacheinander Mozzarella, Tomatenwürfel, Basilikum, Sardellenhälften und wieder etwas Mozzarella in die Zitronen schichten und mit ein paar Tropfen Olivenöl und Zitronensaft beträufeln.
5 Zitronen indirekt circa 15 Minuten grillen, bis der Mozzarella bräunt und Blasen bekommt. Anschließend servieren, am besten einen kleinen Löffel dazu reichen.

TIPPS

1 Wer keine Sardellen mag, nimmt etwas Pesto und eine kleine Prise Salz.
2 Zu diesem Gericht passt frisches Weißbrot oder Baguette, allein schon, um die köstlichen Säfte aufzutunken, die beim Öffnen der Zitrone austreten.

FETTUCINE MIT GRILL-LAUCH UND PAPRIKA

ZUTATEN *für 4 Portionen*

- 2 Lauchstangen, mittel-groß
- 5 EL Olivenöl
- je 1 große rote und gelbe Paprika
- 400 g Fettucine, unge-kocht
- 1 Knoblauchzehe
- 80 ml Wermut
- Meersalz
- Pfeffer, frisch gemahlen
- 1 EL Thymianblätter, frisch

ZEIT

30 Vorbereitung, 15 Minuten Grillen

Gemüse erhält beim Grillen ein gänzlich anderes Aroma als beim Braten, Dünsten oder Kochen. Die stärkere Hitze lässt den Zucker im Gemüse karamellisieren, und der leichte Rauchgeschmack gibt eine besondere Note. Ein toller Zwischengang bei einem großen Grillmenü, der auch Vegetariern schmeckt.

ZUBEREITUNG

1 Grill für direktes Grillen vorbereiten und auf mittlere Hitze vorheizen.

2 Lauch putzen, das obere Ende des grünen Teils abschneiden, Wurzelende nicht entfernen. Der Länge nach halbieren ohne das Wurzelende zu durchtrennen, und gut abspülen, um eventuelle Erde zu entfernen.

3 Lauchstangen mit 1 EL Olivenöl bestreichen und zusammen mit den ganzen Paprika grillen, mehrmals wenden. Den Lauch nach 10 bis 12 Minuten, wenn er goldbraun ist, vom Grill nehmen. Die Paprika brauchen ein paar Minuten länger: Wenn ihre Haut leicht verkohlt ist, ebenfalls vom Grill nehmen, in einen Gefrierbeutel geben und diesen verschließen, damit die Paprika schwitzen können und sich die Haut gut abziehen lässt.

4 Wenn das Gemüse abgekühlt ist, das Wurzelende der Lauchstangen entfernen und den Rest in feine Ringe schneiden. Paprika aus dem Beutel nehmen, Haut und Kerngehäuse entfernen und ebenfalls in feine Streifen schneiden.

5 Nudeln „al dente" kochen. Währenddessen Knoblauch schälen und fein hacken, restliches Olivenöl in einem großen Stieltopf oder einer Pfanne mit hohem Rand erhitzen. Knoblauch darin dünsten, bis er leicht braun wird. Mit Wermut ablöschen und zu einer sirupartigen Konsistenz reduzieren. Lauch- und Paprikastreifen dazugeben und mit Salz und Pfeffer abschmecken.

6 Die fertig gekochten Fettucine gut abtropfen lassen, in Topf oder Pfanne zum Gemüse geben und vermengen. Mit Thymianblättern bestreuen und heiß servieren.

TIPPS

1 Wem dieses Gericht zu vegetarisch ist, der kann sich gern noch ein paar Hähnchenbrüste unter dem Ziegelstein (Seite 211) dazu grillen – die passen hervorragend.

2 Wenn Sie mögen, können Sie auch noch ein paar Kirschtomaten oder in Scheiben und Streifen geschnittenen Fenchel dazu grillen.

BLITZ-SALAT

Dieser wohlschmeckende Salat auf Nudelbasis kommt mit wenigen Zutaten aus, ist schnell zuzubereiten und sieht durch seine kräftige rote Farbe als Kontrast zu den Nudeln außerdem toll aus. Dieses Rezept eignet sich als Beilage, wohlschmeckende Vorspeise oder vollständiges Gericht.

ZUTATEN *für 6 Portionen*
- *500 g Eier- oder Hart-weizennudeln (nicht zu dick)*
- *1 Glas Tomatenpaprika (720 ml, Sauerkonserve)*
- *1 rote Paprika*
- *4 getrocknete Tomaten*
- *Salz, Pfeffer*
- *Paprikapulver, edelsüß*

ZEIT

25 Minuten ohne Abkühlzeit

ZUBEREITUNG

1 Nudeln nach Anweisung auf der Verpackung kochen und abkühlen lassen.

2 Die eingelegten Tomatenpaprika in ein Sieb geben und abtropfen lassen.

3 Tomaten und die rote Paprika waschen, Stielansatz, Kerne sowie weiße Spelzen der Paprika entfernen. Beides anschließend in kleine Stücke schneiden. Die abgetropften eingelegten Tomatenpaprika in eine hohe Rührschüssel füllen und mit dem Mixstab fein pürieren.

4 Die erkalteten Nudeln in eine Salatschüssel füllen, Paprika- und Tomatenstücke hinzufügen und die pürierten Tomatenpaprika unterheben. Mit Salz, Pfeffer und Paprikapulver abschmecken. In der Schüssel servieren oder portionsweise als Beilage auf dem Teller anrichten.

TIPPS

1 Wer es ein wenig schärfer mag, kann etwas Harissa-Paste (eine arabische Würzpaste in der Tube oder Dose, erhältlich im Supermarkt oder im türkischen Lebensmittelgeschäft) unterrühren. Zusätzlich kann noch eine gepresste Knoblauchzehe untergemischt werden.

2 Mit etwas Fantasie können Sie hier auch Reste im Salat verarbeiten. Die Geschmacksrichtung lässt sich zum Beispiel durch die Zugabe von gewürfeltem Kochschinken, Gewürzgurken oder Erbsen effektvoll steuern.

SPARGEL-FLUSSKREBS-SALAT

ZUTATEN *für 4 Portionen*

- 1 unbehandelte Zitrone
- Salz, Pfeffer
- 2 EL Zucker
- 1 TL Senf
- 8 EL Olivenöl
- 100 g frische, gepalte Erbsen (oder TK-Ware)
- je 250 g weißer und grüner Spargel
- 300 g Flusskrebsfleisch (am besten beim Fischhändler vorbestellen)
- 1 Bund Kerbel
- ½ Bund Estragon

ZEIT

25 Minuten Vorbereitung,
15 Minuten Grillen

Dieses Rezept entstand durch bloßen Zufall. Bei der Entwicklung eines Krabbensalats lagen noch Unmengen grünen Spargels vom Vortag herum. Der ursprüngliche Krabbensalat ist längst vergessen, aber die Version mit grünem Spargel ist ein Klassiker der BBQ-Scouts geworden. Durch die zart süßlichen Flusskrebsschwänze wird die Sache noch einen Hauch aromatischer. Eine herrlich frische Sommer-Vorspeise, bei der der Grill aber nur kurz zum Einsatz kommt.

ZUBEREITUNG

1 Zitrone abreiben und auspressen. Saft und Schale mit Salz, Pfeffer, Zucker, Senf, Öl und 50 ml heißem Wasser in einer kleinen Schüssel gut verrühren und beiseitestellen.
2 Erbsen ungefähr 3 Minuten in Salzwasser kochen. Sofort nach dem Kochen in kaltes Wasser geben, dann in einem Sieb abtropfen lassen.
3 Den weißen Spargel schälen, beim grünen die Enden abschneiden. Spargel etwa 12 Minuten direkt grillen, mehrfach wenden, bis er weich wird. Den gegrillten Spargel in 3 bis 4 Zentimeter lange Stücke schneiden und noch warm auf den Tellern verteilen.
4 Das Flusskrebsfleisch ungefähr 1 Minute in einer Aluminium- oder Edelstahlschale auf dem Grill erwärmen.
5 Zunächst die Erbsen, dann das Flusskrebsfleisch auf dem Spargel verteilen. Kerbel und Estragon fein hacken, dabei einige Blätter zum Garnieren beiseitelegen, und mit der Sauce vermischen. Den warmen Salat mit der Sauce beträufeln. Mit Estragon und Kerbelblättchen garnieren und sofort servieren.

TIPPS

1 Um dem Salat eine mediterrane Richtung zu geben, können Sie die Flusskrebse durch 20 geschälte und gegrillte Garnelen, den Kerbel durch Frühlingszwiebeln, den Estragon durch Basilikum oder die Zitrone durch eine Limone ersetzen.
2 Kaufen Sie frische Flusskrebse am besten in der Saison, die von Juni bis Dezember geht. In der Laichzeit der Krebse dürfen ausschließlich die männlichen Exemplare verkauft werden. Beim Kauf von ganzen Flusskrebsen sollten Sie darauf achten, dass der Krebs mindestens 50 Gramm wiegt, am besten um die 100 Gramm, weil bei kleineren Tieren der Fleischanteil sehr gering ist.

TABOULEH

Tabouleh ist ein Couscous-Salat. Couscous hat sich von Nordafrika über Frankreich bis zu uns verbreitet, weil er sich hervorragend in die mediterrane, gemüsebasierte und kalorienarme Küche integrieren lässt. Tabouleh findet sich auf nahezu jeder arabischen Speisekarte. Wenn Sie die Brühe für den Couscous selbst machen, können Sie dem Ganzen sogar eine feine Grillnote geben.

ZUTATEN *für 4 Portionen*

Tabouleh

- *200 ml Gemüsebrühe (aus dem Glas, Instant oder nach Rezept unten)*
- *150 g Couscous*
- *400 g Cocktailtomaten*
- *1 Bund Petersilie*
- *1 Bund Lauchzwiebeln*
- *1 rote Paprikaschote*
- *2 frische grüne Chilis*
- *3 Knoblauchzehen*
- *2 EL Tomatenmark*
- *1 unbehandelte Zitrone*
- *7 EL Olivenöl*
- *5 EL Minze, gehackt*
- *Salz, Pfeffer*

Gemüsebrühe (2 Liter)

- *2 große Zwiebeln*
- *3 Möhren*
- *2 Stangen Lauch*
- *200 g Knollensellerie*
- *4 Tomaten*
- *2 Knoblauchzehen*
- *4 EL Olivenöl*
- *¼ Bund Petersilie*
- *1 Thymianzweig*
- *4 Lorbeerblätter*
- *10 Pfefferkörner*
- *1 Nelke*
- *¼ TL Muskatnuss, gemahlen*
- *500 ml Weißwein (trocken)*
- *Salz, Pfeffer*

ZEIT

- *Tabouleh: 60 Minuten*
- *Brühe: 55 Minuten Vorbereitung, 5 Minuten Grillen*

ZUBEREITUNG

1 Gemüsebrühe aufkochen, vom Herd nehmen, Couscous unterrühren und unter gelegentlichem Rühren quellen und anschließend abkühlen lassen.

2 Währenddessen Tomaten waschen und in kleine Würfel schneiden. Petersilie und Lauchzwiebeln ebenfalls waschen, dann die Petersilie grob hacken und die Lauchzwiebeln, samt dem Grün, in feine Ringe schneiden. Paprika und Chilis waschen, der Länge nach aufschneiden, Kerne entfernen und auch in feine Würfel schneiden. Nun den Knoblauch schälen und ganz fein hacken, ebenso die Minze.

3 Das Tomatenmark mit 7 EL Zitronensaft und dem Olivenöl in einer großen Schüssel vermischen und alle Zutaten unter den Couscous heben und nach Belieben mit Salz und Pfeffer abschmecken.

Gemüsebrühe: Gemüse putzen, waschen und in feine Scheiben schneiden. 5 Minuten auf einer Grillplatte angrillen oder in einem Topf mit Olivenöl anbraten. Petersilie waschen, grob hacken und mit den anderen Kräutern und Gewürzen zum Gemüse geben. Mit 2 Litern Wasser und dem Weißwein aufgießen und aufkochen lassen. Danach die Temperatur reduzieren und für etwa 45 Minuten leicht vor sich hin köcheln lassen. Durch ein Sieb abgießen und mit Salz und Pfeffer abschmecken. Heiß in Einmachgläser füllen und abkühlen lassen. Die Brühe hält sich ein bis zwei Wochen im Kühlschrank.

Tipps: Grillen Sie die Zwiebeln auf ihren Schnittflächen scharf an und geben diese zur Brühe, dann erhält diese eine dunklere Farbe. Ein besonderes Aroma erhält die Brühe außerdem, wenn Sie das Gemüse hierfür im Grill circa 15 Minuten räuchern.

BULGUR-SALAT

ZUTATEN *für 6 Portionen*

- *500 g Bulgur, grob*
- *1 TL Paprikamark (siehe Tipp 2)*
- *1 Zwiebel*
- *3 Tomaten, mittelgroß*
- *½ Salatgurke*
- *je 1 rote und gelbe Paprika*
- *1 Bund glatte Petersilie*
- *5 EL Olivenöl*
- *Zitronensaft*
- *1 TL Pfeffer*
- *1 TL Salz*
- *1 TL Rosenpaprika, scharf*

ZEIT

30 Minuten

Etwas Orientalisches darf auf einem Grillfest nicht fehlen. Und dieser herrlich-überraschende Bulgur-Salat ist köstlich. Generationen über Generationen türkischer Köche bereiteten den Salat nach diesem Rezept zu. Ideal zu allen gegrillten Fleischgerichten, besonders zu Lamm.

ZUBEREITUNG

1 Den Bulgur in einem beliebigen Gefäß mit etwa 500 ml heißem Wasser übergießen, mit einem Handtuch bedecken und 10 Minuten quellen lassen. Eventuell überschüssiges Wasser anschließend abgießen. In einer Salatschüssel das Paprikamark mit der Hand unter den Bulgur mischen.

2 Zwiebel schälen, in feine Scheiben, dann in feine Würfel schneiden. Tomaten mit kochendem Wasser übergießen, nach etwa 30 Sekunden das Wasser abschütten und die Tomaten kurz mit kaltem Wasser abschrecken, danach enthäuten, aufschneiden, entkernen und das Tomatenfleisch ebenfalls in feine Würfel schneiden. Salatgurke schälen, in dünne Scheiben und dann in feine Würfel schneiden.

3 Stielansatz der Paprikas herauslösen. Die Schote öffnen, Samen und Spelzen entfernen, in feine Würfel schneiden. Petersilie fein hacken.

4 Das gesamte Gemüse zum Bulgur geben und locker unterheben.

5 Das Olivenöl, den Zitronensaft, Pfeffer, Salz und Rosenpaprika miteinander mischen, über die Bulgur-Gemüse-Mischung träufeln, unterheben und eventuell abschmecken.

TIPPS

1 Wie bei allen Gerichten mit Olivenöl ist der Geschmack der Speisen schlussendlich abhängig von der Qualität des eingesetzten Öls. Sparen Sie also hierbei nicht am falschen Ende, Ihre Gäste werden es schmecken!

2 Paprikamark ist eine Paprika-Würzpaste, die unter dem Namen „Biber salçası" im türkischen Geschäft erhältlich ist. Für den europäischen Gaumen ist die Geschmacksrichtung „tatlı", mild, empfehlenswert. Wem das nicht reicht: „acı" ist schärfer.

BLIESGAUER KARTOFFELSALAT

ZUTATEN *für 4 Portionen*
- *800 g vorwiegend fest-kochende Kartoffeln (z. B. Quarta)*
- *1 EL Salz*
- *75 g Bauchspeck*
- *1 Zwiebel*
- *1 TL Zucker*
- *250 ml Gemüsebrühe (am besten selbst ge-macht, Seite 99)*
- *75 ml Essig*
- *3 EL Leindotteröl (siehe Tipp 1)*
- *2 TL mittelscharfer Senf*
- *Salz, Pfeffer*
- *½ Bund Schnittlauch*

ZEIT

60 Minuten

Der Bliesgau ist eine ausgesprochene Kartoffelregion und Thomas und Silvia Zapp, die dieses Rezept entwickelt haben, wohnen dort. Letztendlich kann man diesen Salat in jeder Region mit heimischen Zutaten zubereiten und daraus einen Holsteiner, Thüringer oder Kurpfälzer Kartoffelsalat machen. Jede Region würde ihn etwas variieren. Gerade beim Kartoffel-salat macht uns Deutschen keiner was vor: Hinter jedem Hügel gibt es ein anderes Rezept dafür.

ZUBEREITUNG

1 Kartoffeln waschen und mit der Schale in einen Topf mit kaltem Wasser geben. Salz hinzufügen und ungefähr 25 Minuten weich kochen. Anschließend Kartoffeln abgie-ßen, mit kaltem Wasser abschrecken und ausdampfen lassen. Nach dem Abkühlen pellen und in eine Schüssel in etwa 3 mm dicke Scheiben schneiden.

2 Während die Kartoffeln garen, Bauchspeck und Zwiebel fein würfeln. Den Bauch-speck in einer Pfanne auslassen, bis er knusprig ist, danach auf ein Küchentuch legen. In die gleiche Pfanne die Zwiebel geben und glasig dünsten, den Zucker darüberstreu-en und karamellisieren lassen. Danach mit der Fleischbrühe und dem Essig ablöschen. Öl und Senf unterrühren und mit Salz und Pfeffer abschmecken.

3 Die warme Sauce über die Kartoffelscheiben gießen, den Bauchspeck hinzufügen, alles gut vermengen und etwa 30 Minuten ziehen lassen.

4 Den Schnittlauch kurz vor dem Servieren fein hacken und unter den Kartoffelsalat mischen.

TIPPS

1 Leindotter ist eine sehr alte Kulturpflanze, die bereits vor über 4000 Jahren in Zen-traleuropa beheimatet war. Leindotteröl besitzt einen sehr delikaten und außerordent-lich feinen Geruch, leicht würzig, nach frisch gemähtem Löwenzahn duftend, und ist von hellgrüner Farbe. Im Geschmack erinnert es etwas an Erbsen, schmeckt mild, voll und rund, aber auch pikant. Hervorzuheben ist der hohe Gehalt an Alpha-Linolensäure (zwischen 32 und 40 %) und Linolsäure (zwischen 14 und 20 %).

2 Am besten kochen Sie die Kartoffeln am Vortag, dann lassen sie sich besser schnei-den.

GRÜNES AUF DEN GRILL!

Man kann Gemüse ganz wunderbar auf dem Grill zubereiten. Hätten Sie nicht gedacht? Es gibt ein paar Tricks, die wir Ihnen in diesem Kapitel verraten. Dann schmeckt es richtig gut. Die Gerichte machen als Hauptspeisen eine genauso gute Figur wie als leckere Beilagen. Nicht alles ist für Vegetarier geeignet, aber auch die werden mit vielen Rezepten aus diesem Kapitel glücklich.

Grünes auf den Grill!

KARTOFFELGRATIN

ZUTATEN

für 10–12 Portionen

- 2,5 kg festkochende Kartoffeln
- 400 g Zwiebeln
- 2 EL Butter
- 200 ml Sahne
- 200 ml Milch
- Salz, Pfeffer
- Muskat, gemahlen
- 400 g Käse, gerieben
- 2 EL frische Petersilie, gehackt
- Sonstiges: Dutch Oven (Durchmesser circa 30 cm bzw. 12 Zoll)

ZEIT

30 Minuten Vorbereitung, 45 Minuten Grillen

Hört man das Wort Grillen, denkt man erst mal nicht an Suppen, Gratins oder Eintöpfe. Aber auch die kann man im Freien zaubern. In manchen Western kann man es sehen, wie die Cowboys ihre Mahlzeit in einem gusseisernen Topf zubereiten. Ein solcher Topf nennt sich „Dutch Oven". Mit diesen gusseisernen Töpfen können Sie mit geringem Aufwand eine ganze Menge Gäste versorgen.

ZUBEREITUNG

1 Ungefähr 25 Holzkohlebriketts zum Glühen bringen, am einfachsten geht das im An- zündekamin (Seite 25).
2 Die Kartoffeln im Ganzen kochen und pellen, dann in 5 mm dünne Scheiben schnei- den, ebenso die Zwiebeln. Dutch Oven mit Butter ausfetten. Abwechselnd Kartoffel- scheiben und Zwiebeln einschichten. Die oberste Lage sollte aus Kartoffeln bestehen.
3 Sahne und Milch in einer Schüssel miteinander verrühren und nach Belieben mit Salz, Pfeffer und Muskat würzen. Diese Flüssigkeit gleichmäßig über die Kartoffeln gießen. Zum Schluss den geriebenen Käse gleichmäßig über die Kartoffeln streuen.
4 Den Topf verschließen, auf etwa 7 Kohlen stellen, ungefähr 18 Kohlen auf den De- ckel legen – nach 45 Minuten ist das Gratin fertig. Mit Petersilie garniert servieren.

TIPPS

1 Der Dutch Oven wird von unten und oben mit Kohlen beheizt und funktioniert da- durch wie ein Backofen. Er ist die ideale Ergänzung zum Grill. Auf Seite 21 erfahren Sie, was Sie über den Dutch Oven wissen müssen.
2 Im Backofen (oder dem geschlossenen Grill) gelingt das Rezept auch. Gratin in einer feuerfesten Form mit 3 l Fassungsvermögen bei 180 °C 45 Minuten lang backen.

Grünes auf den Grill!

GRILLKARTOFFELN

Fächerkartoffeln sind eine Variante der Grillkartoffel, die wir auch schon als Beilage bei Deutschen Meisterschaften serviert haben. In Kombination mit Texas-Rub sind sie eine würzige, leicht scharfe Beilage. Die beste Alternative auf dem Grill zu Pommes frites hingegen sind Potato Wedges. Durch das Pimentón de la Vera, ein Pulver aus geräucherten Chilis, bekommen sie ein leckeres Raucharoma. Eine Beilage zu herzhaften Hauptgerichten oder auch solo als Fingerfood.

ZUTATEN

Fächerkartoffeln
(für 8 Portionen)

- 1 kg kleine, festkochende Kartoffeln
- 1–2 Frühlingszwiebeln
- 4 EL Olivenöl
- 1 EL Texas-Rub (Seite 51)
- 1 Bund frische Petersilie
- Sonstiges: Schaschlikspieße aus Holz

Potato Wedges
(für 4 Portionen)

- 1 Zweig Rosmarin
- 1 Knoblauchzehe
- 100 ml Olivenöl
- 2 TL Pimentón de la Vera picante (siehe Tipp 1 Seite 83)
- 2 TL Salz
- 2 TL Pfeffer
- 500 g Frühkartoffeln (vorwiegend festkochend)
- Sonstiges: 1 Gefrierbeutel

ZEIT

- *Fächerkartoffeln: 20 Minuten Vorbereitung, 40 Minuten Grillen*
- *Potato Wedges: 65 Minuten Vorbereitung, 25 Minuten Grillen*

ZUBEREITUNG

Fächerkartoffeln:

1 Kartoffeln waschen und einen Holzspieß längs durch das untere Fünftel der Kartoffel stecken. Vom längeren Ende her mit einem Messer dünne Scheiben von 4 mm Dicke bis zum Holzspieß schneiden. Der Spieß verhindert, dass die Kartoffel ganz durchgeschnitten wird.

2 Frühlingszwiebel in dünne Röllchen schneiden und jeweils ein Stückchen in die Zwischenräume der Kartoffelscheiben stecken.

3 Olivenöl mit Texas-Rub verrühren und die Kartoffeln damit bepinseln. Indirekt bei etwa 180 °C grillen. Das dauert, je nach Dicke der Kartoffeln, zwischen 30 und 40 Minuten. Kurz vor Ende noch einmal mit dem Rub bepinseln. Die Kartoffeln sollten sich beim Grillen fächerartig öffnen. Kartoffeln vom Spieß nehmen, Petersilie hacken und über die fertigen Fächerkartoffeln streuen.

Potato Wedges:

1 Rosmarinblättchen vom Zweig streifen und zusammen mit dem Knoblauch klein hacken. Mit dem Olivenöl, Pimentón de la Vera, Salz und Pfeffer in einen Gefrierbeutel geben.

2 Die Kartoffeln längs in Viertel schneiden, in den Gefrierbeutel mit der Marinade geben und mindestens 1 Stunde marinieren lassen.

3 Die Kartoffeln auf den Schnittflächen kurz direkt angrillen, bis ein „Branding" sichtbar ist. Danach 20 Minuten indirekt fertig grillen.

Tipp: Potato Wedges eignen sich zu jeglichem Grillgut, von Rindersteaks über Fisch bis zu vegetarischen Gerichten. Man kann sie je nach Geschmack würzen – ob nur mit Salz und Pfeffer, mit typisch italienischen (Basilikum, Majoran, Oregano, Rosmarin, Salbei und Thymian) oder typisch französischen Kräutern (Anis, Basilikum, Bohnenkraut, Majoran, Lavendelblüten, Oregano und Thymian).

KARTOFFEL VOM GRILL MAL ANDERS

ZUTATEN
für jeweils 4 Portionen

Gefüllte Kartoffelschale

- 4 große festkochende Kartoffeln
- 4 EL Olivenöl
- 1 Bund Frühlingszwiebeln
- 100 Cheddar- oder Goudakäse, gerieben
- 4 Scheiben Bacon
- Salz, Pfeffer
- 400 ml Sauerrahm

Gegrilltes Kartoffelpüree

- 600 g kaltes Kartoffelpüree
- 1 TL italienische Kräutermischung (ersatzweise frisches gehacktes Basilikum, Rosmarin, Oregano)
- 100 g Cheddarkäse
- 100 g Edamer Käse, gerieben
- Sonstiges: 1 Zedernholzplanke (siehe Tipp Seite 84)

ZEIT

- *Gefüllte Kartoffelschale: 20 Minuten Vorbereitung, 40 Minuten Grillen (ohne Garzeit für die Kartoffeln)*
- *Gegrilltes Kartoffelpüree: 20 Minuten Vorbereitung, 40 Minuten Grillen*

Außen knusprig gegrillt und innen gefüllt mit einer cremigen Mischung aus Kartoffel, Käse und Bacon. Die gefüllte Kartoffelschale stammt aus Texas, wo die „Twice cooked Potatoes" meistens aus dem Smoker kommen – sie passt gut zu Spareribs. Und gegrilltes Kartoffelpüree? Bei dieser ungewöhnlichen Resteverwertung bringt die Holzplanke ihr typisches Aroma ein.

ZUBEREITUNG

Gefüllte Kartoffelschale:

1 Die Kartoffeln waschen und ungeschält in Salzwasser kochen, bis sie fast gar sind, danach abkühlen lassen. Die Kartoffeln längs halbieren und mit einem Teelöffel das Innere vorsichtig aushöhlen, dabei eine etwa 5 mm dicke Kartoffelschicht in der Schale lassen. Kartoffelinneres beiseitestellen. Mithilfe eines Küchenpinsels das Innere der Kartoffelschalen mit Olivenöl einpinseln, dann bei niedriger direkter Hitze die Schalen auf dem Grill anrösten, bis sie etwas knusprig und braun werden.

2 Inzwischen Frühlingszwiebeln waschen und fein schneiden, Bacon auf dem Grill knusprig rösten und dann in kleine Stücke schneiden. Das Kartoffelinnere in einer Schüssel mit einer Gabel zerdrücken und mit Frühlingszwiebeln, Käse und Bacon vermischen. Mit etwas Salz und Pfeffer abschmecken. Diese Mischung in die halbierten Kartoffelschalen füllen. Bei hoher indirekter Hitze (circa 180 °C) die Kartoffelschalen 30 Minuten grillen, bis der Käse anfängt zu schmelzen. Mit Sauerrahm servieren.

Gegrilltes Kartoffelpüree: Die Planke 30 bis 60 Minuten vor Grillbeginn in Wasser einlegen. Den Cheddar in kleine Würfel von etwa 5 mm Seitenlänge schneiden, dann das Püree mit den Kräutern und beiden Käsesorten mischen. Holzplanke auf dem Grill über mittlerer direkter Hitze kurz anrösten, bis die Oberfläche trocken und leicht braun ist. Püree zu einem Ball formen und auf die Planke legen, dabei leicht andrücken. Bei hoher indirekter Hitze (180 °C) grillen, bis das Püree warm ist und außen kross wird. Der Käse sollte anfangen herauszuschmelzen. Direkt von der Planke servieren.

Tipp: Kombinieren Sie das Püree mit Lachs, der ebenfalls auf der Planke gegrillt wird (Seite 153). Lachs benötigt etwas weniger Zeit, legen Sie ihn also etwas später auf.

GEFÜLLTE CHAMPIGNONS UND ZUCCHINI

ZUTATEN
für jeweils 4 Portionen

Gefüllte Champignons
- *8 große Champignons*
- *1 Schalotte*
- *1 Knoblauchzehe*
- *100 g Cheddarkäse*
- *200 g Schweinemett*
- *Salz, Pfeffer*

Gefüllte Zucchini
- *2 mittelgroße Zucchini*
- *4 Frühlings- oder Lauch-zwiebeln*
- *2 kleine Zwiebeln*
- *100 g geriebener Käse (z. B. Emmentaler)*
- *frische Gartenkräuter (z. B. Petersilie, Schnittlauch, Majoran, Kerbel)*
- *Salz, Pfeffer*
- *Paprikapulver*

ZEIT
- *Gefüllte Champignons: 20 Minuten Vorbereitung, 20 Minuten Grillen*
- *Gefüllte Zucchini: 10 Minuten Vorbereitung, 25 Minuten Grillen*

Diese beiden Gerichte brillieren als Vorspeise auf jeder Grillparty. Sie passen auch, ob mit Fleisch oder in der vegetarischen Variante, als abend-licher Snack zu einem Glas Wein auf der Terrasse. Gerade Zucchini, das Sommergemüse überhaupt, profitiert von einer würzigen Füllung.

ZUBEREITUNG
Gefüllte Champignons:
1 Die Champignons putzen, Stiele entfernen und aufbewahren, Pilzhüte aushöhlen.
2 Schalotte und Knoblauchzehe schälen, halbieren, in Scheiben und dann in feine Würfel schneiden. Champignonstiele klein schneiden, Cheddar fein raspeln. Schweine-mett, Schalotte, Knoblauch, Pilzstiele und den geraspelten Cheddar in einer Schüssel vermischen, mit Salz und Pfeffer würzen.
3 Die Masse in die ausgehöhlten Pilze füllen und auf dem Grill indirekt circa 20 Minu-ten grillen.
Tipps: Kaufen Sie keinen Cheddar in Scheiben, sondern im Stück. Beim Kauf der Pilze achten Sie darauf, dass die Hüte keine dunklen Flecken haben! Für eine vegetarische Variante mischen Sie 125 g gekochten Couscous mit einer feingewürfelten kleinen Pa-prika und klein geschnittenem Schnittlauch und ersetzen damit das Schweinemett.

Gefüllte Zucchini:
1 Die Zucchini längs halbieren. Mit einem Esslöffel das Mark der Zucchini auskratzen und beiseitestellen.
2 Frühlingszwiebeln in Röllchen von ungefähr 3 mm Länge schneiden. Zucchinimark würfeln. Zwiebeln in kleine Würfel schneiden. Kräuter fein hacken.
3 Die Zutaten miteinander vermischen, mit Salz, Pfeffer und Paprikapulver abschme-cken und in die Zucchini füllen. Mit geriebenem Käse bedecken und ungefähr 25 Mi-nuten bei hoher Hitze (200 °C) indirekt grillen, bis der Käse geschmolzen und leicht ge-bräunt ist. Mit gehackter Petersilie oder Schnittlauch servieren.
Tipp: Die Zucchini ist eines der vielseitigsten Gemüse auf dem Grill. Sie kann längs oder quer in Scheiben geschnitten, gerollt, gefüllt oder geraspelt (als Zucchini-Puffer) gegrillt werden. Und sie verzeiht beim Grillen viele Fehler: ideal also für Anfänger.

PARMIGIANA MIT MOZZARELLA

ZUTATEN *für 8 Portionen*

- *1,5 kg Auberginen*
- *Salz*
- *4 EL Olivenöl*
- *350 g Mozzarella*
- *2 Fleischtomaten*
- *4 Knoblauchzehen*
- *Pfeffer, frisch gemahlen*
- *1 Bund frisches Basilikum*

ZEIT

*105 Minuten Vorbereitung,
45 Minuten Grillen*

Ein italienischer Auberginen-Auflauf (Parmigiana) kann sehr arbeits-intensiv sein. In traditionellen Rezepten soll die Aubergine zudem in viel Öl gebraten und meistens auch paniert werden. Während die Ergebnisse ohne Zweifel köstlich sind, enthalten sie viele Kalorien – nicht gerade ein typisches Sommergericht. Hier eine leichtere Version.

ZUBEREITUNG

1 Die Stielansätze der Auberginen entfernen. Auberginen der Länge nach in 5 bis 6 mm dicke Scheiben schneiden und auf einen Backofenrost legen. Eventuell salzen, stehen lassen und später unter kaltem Wasser abspülen und gut trocken tupfen (nur nötig, wenn die Auberginen bitter sind).

2 Auberginenscheiben mit 2 EL Olivenöl bepinseln und bei mittlerer Hitze circa 3 Minuten pro Seite direkt grillen, bis sie weich sind und Grillmarkierungen bekommen. Die fertig gegrillten Scheiben herunternehmen und auf einer Platte abkühlen lassen. Gegebenenfalls bis zur weiteren Verwendung kühl stellen.

3 Mozzarella dünn aufschneiden, in einem Sieb 15 Minuten abtropfen lassen. Tomaten waschen und in dünne Scheiben schneiden. Knoblauch schälen und fein hacken.

4 Eine Auflaufform mit 1 EL Olivenöl fetten. Die Hälfte der Auberginen in die Auflaufform legen und mit einer Prise Salz und etwas Pfeffer würzen. Knoblauch darauf verteilen und mit den Tomatenscheiben bedecken, wieder salzen und pfeffern. Basilikumblätter auf den Tomaten arrangieren und gleichmäßig mit den Mozzarellascheiben bedecken. Die restlichen Auberginenscheiben obenauf schichten. Mit einer letzten Prise Salz und Pfeffer würzen und 1 EL Olivenöl darüberträufeln.

5 Die Luftzufuhr beim Grill öffnen und so die Hitze auf 220 °C erhöhen. Den Auflauf circa 30 Minuten backen, bis die Auberginen weich sind, der Mozzarella geschmolzen ist und die Tomaten beginnen zu zerfallen. In der Form servieren.

TIPP

Dazu passen ein knuspriges italienisches Brot, ein Baguette oder frischer Salat.

Grünes auf den Grill!

ZUCCHINI-KÄSE-AUFLAUF

Dieses Grillgericht ist der italienischen Lasagne nachempfunden. Allerdings werden hier die Nudel- gegen Yufkateigblätter ausgetauscht.
Das Besondere an diesem Rezept liegt in seiner Schlichtheit, deswegen bedarf es eigentlich keiner weiteren Zutaten zum Aufpeppen – obwohl: Schafskäse könnte Gouda weichen und die Minze der Petersilie ...

ZUTATEN *für 4 Portionen*
- *500 g Zucchini*
- *1 rote Chilischote*
- *3 Knoblauchzehen*
- *1 Dose gewürfelte Tomaten (400 ml)*
- *4 EL Olivenöl*
- *1 TL Kreuzkümmel*
- *Fleur de Sel*
- *Pfeffer, frisch gemahlen*
- *3 Eier (Größe M)*
- *200 g türkischer Joghurt (10 % Fett)*
- *½ Bund Minze*
- *200 g mittelalter Gouda (ersatzweise Edamer)*
- *6 Yufkateigblätter (etwa 400 g)*

ZEIT
30 Minuten Vorbereitung,
45 Minuten Grillen

ZUBEREITUNG

1 Zucchini waschen, putzen und in 5 mm große Würfel schneiden. Chilischote putzen, entkernen, Knoblauch schälen, beides fein würfeln. Zucchini, Chili, Knoblauch und abgegossene, gewürfelte Tomaten 5 Minuten in 2 EL Olivenöl anbraten. Mit Kreuzkümmel, Salz und Pfeffer würzen.

2 2 Eier mit Joghurt und Pfeffer verquirlen. Minze waschen, einige Blättchen beiseitelegen, den Rest hacken und den Käse reiben.

3 2 Teigblätter in eine geölte feuerfeste Form legen, mit etwas Öl bestreichen. Die halbe Menge Gemüsemischung, Käse, gehackte Minze und Joghurt-Ei-Masse gleichmäßig darauf verteilen. Diese Schicht mit 2 weiteren Teigblättern belegen, Blätter leicht einölen, übrige Zutaten darauffüllen. Mit den restlichen Teigblättern bedecken.

4 Beim letzten Ei das Eigelb vom Eiweiß trennen und mit dem übrigen Öl verrühren, die Teigoberfläche damit bestreichen. Den Auflauf im geschlossenem Grill bei mittlerer Hitze von etwa 160 °C 45 Minuten indirekt grillen. Die Masse muss fest und die Oberfläche goldbraun werden. Den Auflauf zum Servieren in Vierecke schneiden und mit Minze garnieren.

TIPPS

1 Yufkateigblätter erhält man in beinahe jedem türkischen Supermarkt. Yufkateig wird aus Weizenmehl, Wasser und Salz hergestellt und in der türkischen Küche für Börek und andere Backwaren benutzt. Er erinnert an Blätterteig, wird jedoch knuspriger und hat fertig gebacken eine nicht ganz so blättrige Textur. Strudelteig kommt dem Yufkateig schon näher und ist vermutlich die österreichische Variante des türkischen Vorbildes. Das griechische Gegenstück ist der Filoteig.

2 Als Getränk passt Ayran: 500 g Naturjoghurt mit etwa 500 ml Wasser mischen und leicht salzen. Ayran schmeckt am besten, wenn er kalt ist.

GEMÜSEBAGUETTE MIT ZIEGENFRISCHKÄSE

ZUTATEN *für 4 Portionen*

- *5 EL Olivenöl*
- *3 EL Zitronensaft*
- *2 Knoblauchzehen*
- *1 Zweig Rosmarin*
- *1 Aubergine, mittelgroß*
- *2 Zucchini, mittelgroß*
- *2 rote Paprika*
- *1 Zwiebel*
- *Salz, Pfeffer*
- *1 Baguette*
- *200 g Ziegenfrischkäse*

ZEIT

*30 Minuten Vorbereitung,
15 Minuten Grillen*

Viele Ihrer Gäste werden Fleischiges mit einer Salatbeilage erwarten, wenn sie zum Barbecue eingeladen werden. Mit diesen Gemüsebaguettes können Sie eindrucksvoll unter Beweis stellen, dass es auch anders geht. Man kann es wunderbar einige Stunden im Voraus zubereiten und so in aller Ruhe die Gäste empfangen.

ZUBEREITUNG

1 Als Erstes die Marinade vorbereiten. Dazu das Olivenöl und den Zitronensaft in eine kleine Schüssel geben. Die Knoblauchzehen zerdrücken, die Rosmarinblätter vom Zweig abstreifen und beides mit in die Schüssel geben, sehr gut mischen, beiseitestellen und ziehen lassen. Danach den Grill vorbereiten und aufheizen.

2 Aubergine und Zucchini waschen, die Stielenden abschneiden und quer in etwa 5 mm dicke Streifen schneiden. Die Paprika waschen, das Stielende herausschneiden, Paprika vierteln, Kerne und die weißen Rippen entfernen. Die Paprika in 1 cm breite Streifen schneiden. Zwiebel schälen und in Scheiben schneiden. Das Gemüse in eine Aluschale geben und $\frac{4}{5}$ der Marinade darübergießen.

3 Die Aluschale bei indirekter Hitze auf den Grill stellen und das Gemüse ab und zu umrühren, damit es nicht am Boden festbackt und sich die Marinade gleichmäßig verteilt. Nach etwa 10 Minuten mit Salz und Pfeffer abschmecken. Noch 5 Minuten ziehen lassen und dann beiseitestellen, um es auf Zimmertemperatur abzukühlen.

4 Das Baguette in ungefähr 15 cm lange Stücke teilen, aufschneiden und mit der restlichen Marinade bestreichen. Am besten nimmt man dazu einen Küchenpinsel. Die Baguettestücke großzügig mit Ziegenfrischkäse bestreichen. Das abgekühlte Gemüse auf den Käse geben und die Gemüsebaguettes servieren.

TIPP

Das Gemüse kann auch einzeln direkt gegrillt werden. Dazu die Paprika und die Zwiebel nur vierteln, die Aubergine und Zucchini nicht quer, sondern längs aufschneiden. Dies hat den Vorteil, dass sie weniger Stücke wenden müssen. Die Marinade mittels Pinsel beim Grillen auf das Gemüse streichen. Jede Seite des Gemüses circa 5 Minuten grillen. Dies bedeutet jedoch eine wesentlich längere Gesamtgrillzeit.

BOHNEN IM SPECKMANTEL

Bohnen mit Speck kennt eigentlich jeder, aber hier bekommen Sie eine Variante, die auch auf dem Grill zubereitet werden kann. Eine herzhafte und geschmackvolle Beilage, die als Wunderwaffe zu nahezu jedem Fleischgericht passend eingesetzt werden kann, besonders gut aber zu Rindfleisch.

ZUTATEN *für 4 Portionen*
- *400 g Prinzessbohnen*
- *125 g Bacon*
- *2 Schalotten*
- *einige Stiele krause Petersilie*
- *Salz, Pfeffer*
- *Sonstiges: Zahnstocher*

ZEIT

20 Minuten Vorbereitung, 20 Minuten Grillen

ZUBEREITUNG

1 Die Prinzessbohnen waschen, nach Wunsch die Enden abschneiden und in acht Portionen aufteilen. Jede Portion mit einer Scheibe Bacon umwickeln und mit einem Zahnstocher fixieren. Die Bohnenpäckchen indirekt circa 20 Minuten grillen.

2 Die Schalotten in feine Würfel schneiden und die Petersilie fein hacken.

3 Die fertigen Bohnenpäckchen nach dem Grillen mit Salz (vorsichtig, da der Bacon schon einiges an Salz mitbringt) und Pfeffer würzen, mit den Schalotten und der Petersilie bestreuen und servieren.

TIPPS

1 Prinzessbohnen gibt es in jedem gut sortierten Supermarkt. Im Gegensatz zu anderen Bohnen aus der Buschbohnenfamilie sind sie zarter und der typische Faden fehlt, den man sonst vor der Zubereitung entfernen sollte.

2 Frische, lose Ware ist besser, weil man bei den abgepackten Prinzessbohnen schlecht überprüfen kann, ob sie noch knackig sind.

3 Anstelle von Prinzessbohnen funktioniert's auch mit grünem Spargel.

BOURBON-BBQ-BEANS

Endlich einmal so richtig geniale Cowboy-Bohnen. Kräftig, mit Rauchgeschmack, leichter Süße und etwas Schärfe. Für Teammitglied Andreas Oppermann gehören sie unbedingt zum Barbecue, wie ein ordentliches Stück Fleisch und ein kaltes Bier. In den Südstaaten sind die Bohnen beliebt, weil sie den bei einem Barbecue reichlich getrunkenen Whiskey „aufsaugen". Bei unserem Rezept brauchen Sie nicht selbst zu trinken, denn wir geben den Whiskey schon bei der Zubereitung zu. So schmeckt der Wilde Westen.

ZUTATEN *für 8 Portionen*

- 2 Dosen rote Kidneybohnen (à 400 g)
- 2 Zwiebeln
- 1 Packung Bacon (100 g)
- 1 EL Harissa-Chilipaste
- 50 ml Bourbon-Whiskey
- 250 ml passierte Tomaten
- 2–3 Knoblauchzehen, fein geschnitten
- 100 ml BBQ-Sauce (je nach Geschmack, Rezept Seite 52)
- ½ TL Kreuzkümmel, frisch gemörsert
- Pfeffer, Salz
- 1 Prise Chipotle
- Sonstiges: 1 feuerfeste Form mit 2 l Inhalt; einige Scheite Hickoryholz

ZEIT

30 Minuten Vorbereitung, 60 bis 90 Minuten Grillen

ZUBEREITUNG

1 Den Grill auf niedrige Hitze (etwa 120 °C) vorheizen.

2 Die Bohnen in einem Sieb abtropfen lassen und die Flüssigkeit aufbewahren. Die Zwiebeln schälen und grob schneiden.

3 Die Auflaufform direkt über der Glut platzieren und den Bacon darin anbraten. Wenn er etwas angebräunt ist, herausnehmen und auf einem Küchentuch abtropfen lassen. In dem ausgelassenen Fett die Zwiebelstücke leicht anbräunen. Dann die Harissa-Paste dazugeben, kurz durchschwenken, Form von der Glut nehmen und sofort mit dem Whiskey ablöschen. Wieder über die Glut stellen, kurz einkochen lassen und mit den passierten Tomaten auffüllen.

4 Knoblauch, Bohnen, BBQ-Sauce und Kreuzkümmel dazugeben, gut durchrühren und mit Pfeffer und Salz abschmecken. Vorsicht mit dem Salz! Der Bacon bringt einiges an Würze mit. Die Mischung sollte etwas süß, scharf und kräftig nach Bacon schmecken.

5 Die Auflaufform neben die Glut stellen und die Baconscheiben auf den Bohnen verteilen. Die Bohnen nun mindestens eine Stunde indirekt grillen. Sie dürfen nur leicht vor sich hin köcheln. Dabei nach und Hickoryholz auflegen, das den Bohnen einen herzhaften Rauchgeschmack gibt.

6 Am Ende die Konsistenz mit dem aufbewahrten Bohnensud korrigieren und ein wenig mit Chipotle würzen.

TIPPS

1 Sollten Sie gleichzeitig einen Braten auf dem Grill liegen haben, stellen Sie die Bohnen direkt unter das Fleisch neben die Glut. Fett und Fleischsaft tropfen in die Bohnen und geben ihnen einen unvergleichlichen Geschmack! Falls Kinder dabei sind: Das Rezept funktioniert auch ohne Whiskey, dann nehmen Sie zum Ablöschen Wasser.

2 Die Bohnen können auch am Vortag vorbereitet werden. Schmeckt so noch besser.

TÜRKISCHE GEMÜSESPIESSE

Gemüsespieße sind nicht nur die perfekte Beilage zum Grillfleisch, sondern lassen auch die Herzen der Vegetarier höher schlagen. Das hier ist ein traditionelles türkisches Rezept, bei dem das Gemüse über Nacht mariniert wird. Je länger die frischen Zutaten die Chance haben, die Aromen der Gewürze in sich aufzunehmen, desto feiner der sich entfaltende Geschmack.

ZUTATEN *für 6 Portionen*

- 3 Zwiebeln
- 1 gelbe oder rote Paprika
- 1 Zucchini
- 1 Aubergine
- 250 g Champignons
- 300 g Kirschtomaten
- 1 Bund glatte Petersilie
- 6 Knoblauchzehen
- 350 ml Olivenöl
- 2 EL Kräuter der Provence
- Salz, Pfeffer
- Paprikapulver, edelsüß
- Sonstiges: 6 Holzspieße

ZEIT

Am Vortag beginnen!
40 Minuten Vorbereitung,
5 Minuten Grillen; Marinier-
zeit: mindestens 12 Stunden

ZUBEREITUNG

1 Das Gemüse waschen, Zwiebeln schälen, bei der Paprika die Kerne entfernen und wie Zucchini und Aubergine in etwa 1,5 cm breite Stücke schneiden.
2 Champignons putzen, eventuell halbieren. Kirschtomaten und restliches Gemüse abwechselnd auf die Holzspieße stecken, so dass sie schön bunt werden.
3 Petersilie und Knoblauch grob hacken und mit Olivenöl und Kräutern der Provence in einer Rührschüssel mischen.
4 Die Gemüsespieße in ein passendes Gefäß legen, großzügig mit der Olivenölmischung beträufeln, bis sie aufgebraucht ist, und anschließend abdecken. Das Ganze über Nacht im Kühlschrank ziehen lassen.
5 Die Spieße über heißer Glut kurz von allen Seiten grillen, nach Bedarf salzen, pfeffern und mit dem Paprika leicht würzen, dann servieren.

TIPPS

1 Wenn Sie in Eile sind, suchen Sie lieber eine andere Beilage (z. B. Gemischtes Grillgemüse auf Seite 126). Das Gemüse muss wirklich lange, mindestens über Nacht marinieren. Je länger, desto intensiver wird das frische, mediterrane Aroma der Spieße. Wenn Sie dafür keine Zeit haben, entsteht statt eines Hochgenusses eines der langweiligsten Grillgerichte der Welt. Übrigens: Fast alle Gemüse der Saison lassen sich für diese Spieße verarbeiten.
2 Chilipulver oder Rosenpaprika geben dem Ganzen eine schärfere Note. Einfach mal ausprobieren.

GEMISCHTES GRILLGEMÜSE

ZUTATEN *für 4 Portionen*

- *je 1 rote und gelbe Paprika*
- *je 1 grüne und gelbe Zucchini*
- *1 Aubergine*
- *Salz*
- *3 Knoblauchzehen*
- *1 Zweig Rosmarin*
- *1 Zweig Thymian*
- *1 TL Fleur de Sel*
- *Pfeffer, frisch gemahlen*
- *50 ml Olivenöl*
- *2 EL Balsamico-Essig*
- *1 EL Honig*
- *Sonstiges: Grillwok, Alugrillschale oder Auflaufform*

ZEIT

*25 Minuten Vorbereitung,
15 Minuten Grillen*

Diese Gemüsebeilage passt zu fast allem Gegrillten. Damit bringen Sie zusätzliche Vitamine auf den Teller und sorgen so für eine ausgewogene Ernährung. Das Ganze ist sehr leicht herzustellen und bei der Vorbereitung können Sie die ganze Familie oder Ihre Gäste mit einspannen.

ZUBEREITUNG

1 Paprikas waschen, putzen und in mundgerechte Stücke schneiden. Zucchini und Aubergine waschen, Ansätze abtrennen und in etwa 5 mm dicke Scheiben schneiden.

2 Die Auberginenscheiben salzen und stehen lassen. Knoblauch schälen, Kräuter waschen, abtrocknen, Thymianblättchen abstreifen. Kräuter grob, Knoblauch fein hacken.

3 Auberginenscheiben trocken tupfen, mit dem restlichen Gemüse und den Kräutern in eine Schüssel geben, Fleur de Sel, Pfeffer und Olivenöl zugeben und gut durchmengen.

4 Die Mischung in einer Alugrillschale, Auflaufform oder einem Grillwok portionsweise über der Glut jeweils etwa 15 Minuten grillen, bis das Gemüse gar ist. Anschließend das gegrillte Gemüse in einer Schüssel mit Balsamico-Essig, Honig und Salz abschmecken.

Grünes auf den Grill!

VOR ORT KAUFEN

Hochwertige Lebensmittel kaufe ich vorwiegend bei örtlichen Produzenten. Es mag ein wenig teurer sein, dafür ist aber auch die Qualität oft außerordentlich gut.

Meine bevorzugten Ansprechpartner sind Hofläden, kleine Bauernhöfe und örtliche Händler. Dort bekomme ich Fleisch, Gemüse und Obst wie in keinem Supermarkt der Umgebung. Vor allem: Dort hat man Zeit für ein Gespräch und für Beratung und man kann testen, bevor man etwas kauft.

GEGRILLTER SALAT

ZUTATEN *für 4 Portionen*

Gegrillter Salat
- 2 Romana-Salatherzen
- Kräuterbutter, nach Belieben
- Parmesan, nach Belieben
- Salz, Pfeffer
- dunkler Balsamico-Essig, nach Belieben

Kräuterbutter (Vorrat)
- 3 EL gehackte frische Küchenkräuter nach Wahl, davon mindestens 1 EL Petersilie; Außerdem geeignet: Kerbel, Majoran, Oregano, Thymian, Basilikum oder Borretsch. Liebstöckel und Salbei vorsichtig dosieren
- 1 Knoblauchzehe
- 250 g Butter
- Salz, Pfeffer
- Limettensaft (nach Belieben)

ZEIT

15 Minuten Vorbereitung,
5 Minuten Grillen

„Ein Salat kann natürlich nicht vom Grill kommen." Wirklich nicht? Doch, natürlich! Diese Beilage ist so gut, dass man damit sogar Grill-Weltmeister werden kann: Bei der WM 2008 war der Grillsalat die Begleitung zum Rindfleischgang im BBQ-Scouts-Menü. Es funktioniert ganz einfach und Sie sichern sich bei Ihren Gästen einen Überraschungseffekt. Durch die kurze Garzeit bleibt der Salat weitgehend fest, verliert aber etwas an Bitterstoffen und wird dadurch bekömmlicher.

ZUBEREITUNG

1 Für die Kräuterbutter die Küchenkräuter und Knoblauch fein hacken und zur Butter (Raumtemperatur) geben, sorgfältig verkneten. Mit Salz, Pfeffer und einem Spritzer Limettensaft abschmecken. Hält sich 1 Woche im Kühlschrank.
2 Romanasalat putzen und bei Bedarf die äußeren Blätter entfernen, dann der Länge nach halbieren. Blätter leicht auseinanderbiegen und mit Kräuterbutter bestreichen.
3 Salat direkt bei ungefähr 200 °C auf der aufgeschnittenen Seite grillen (2 bis 3 Minuten). Die Butter schmilzt und verteilt sich nach dem Wenden. Parmesanflocken mit einer Reibe hobeln. Ist der Salat leicht gebräunt, wenden und mit den Parmesanflocken bestreuen. Grilldeckel schließen. Der Salat ist fertig, wenn der Käse geschmolzen ist.
4 Zum Servieren Enden abschneiden und mit Balsamico beträufeln.

GEGRILLTE MAISKOLBEN UND AVOCADO

ZUTATEN
für jeweils 4 Portionen

Maiskolben
- *2 Zweige Thymian*
- *1 Zweig Rosmarin*
- *½ Bund krause Petersilie*
- *2 Knoblauchzehen*
- *200 g Butter (Zimmertemperatur)*
- *1 TL Zitronensaft*
- *1 TL Salz*
- *Pfeffer, Zucker*
- *4 Maiskolben*

Gegrillte Avocado mit Balsamico-Creme
- *2 reife Avocados*
- *2 EL Olivenöl*
- *Meersalz, grob*
- *Pfeffer*
- *4 TL Balsamico-Creme*

ZEIT
- *Maiskolben: 15 Minuten Vorbereitung, 25 Minuten Grillen*
- *Gegrillte Avocado: 10 Minuten Vorbereitung, 10 Minuten Grillen*

Maiskolben behalten beim Grillen einen stärkeren Eigengeschmack, als wenn sie gekocht werden. Sie sind eine typisch amerikanische Beilage, die nicht nur bei Kindern sehr beliebt ist. Avocado hingegen passt als erfrischende Zugabe vom Grill sehr gut zu mediterranen Gerichten. Der Genuss gerät durch die Röstaromen und die etwas weichere Konsistenz der Avocado zu einem echten Aha-Erlebnis.

ZUBEREITUNG

Maiskolben: Die Kräuter waschen. Thymian- und Rosmarinblättchen von den Zweigen abstreifen, Knoblauch schälen und ebenso wie die Kräuter fein hacken. Alles sollte so klein gehackt sein, dass später keine störenden Stückchen in der Butter bemerkbar sind. Butter mit einer Gabel durchkneten, die gehackten Kräuter, den Knoblauch und Zitronensaft hinzugeben, mit Salz, Pfeffer und Zucker abschmecken und alles gut verkneten. Maiskolben von Blättern und Fäden befreien. Etwa 25 Minuten indirekt grillen, bis sie langsam eine bräunliche Farbe annehmen. Danach vom Grill nehmen, mit der Kräuterbutter bestreichen und servieren.

Tipp: Nehmen Sie Zuckermais für dieses Gericht. Zwischen Juli und November ist er in vielen Supermärkten oder frisch vom Markt erhältlich. Gegrillte Maiskolben passen als Beilage gut bei einem amerikanischen Grillabend mit Rindersteaks.

Gegrillte Avocado mit Balsamico-Creme: Die Avocados der Länge nach halbieren und den Kern entfernen, dann mit einem Löffel oder scharfen Messer die Avocadohälften vorsichtig von der Haut befreien. Die halbierten Avocados mit dem Olivenöl einpinseln und mit etwas grobem Meersalz und Pfeffer würzen. Bei mittlerer direkter Hitze möglichst mit geschlossenem Deckel circa 10 Minuten grillen, bis die Avocados warm und weich sind und Röstaromen bekommen haben, dabei mehrfach vorsichtig wenden. Mit jeweils 1 TL Balsamico-Creme beträufeln und servieren.

Tipp: Achten Sie darauf, dass die Avocado nicht überreif ist. Bei zu reifer Frucht wird das Schälen und Grillen fast unmöglich. Gegrillte Avocado eignet sich auch als Zutat für eine Salsa oder Guacamole.

Grünes auf den Grill!

GEGRILLTER PAPRIKA-AUSTERNPILZ-SALAT

ZUTATEN *für 4 Portionen*

- *2 Knoblauchzehen*
- *6 EL Olivenöl*
- *2 EL Balsamico-Essig*
- *2 TL mittelscharfer Senf*
- *1 TL Thymian, getrocknet*
- *½ TL Meersalz, grob*
- *½ TL Pfeffer, grob gemahlen*
- *250 g Austernpilze*
- *je 2 rote und gelbe Paprika*
- *½ Bund glatte Petersilie*
- *Sonstiges: 1 Gefrierbeutel*

ZEIT

20 Minuten Vorbereitung, 30 Minuten Grillen; Marinierzeit: 30 Minuten

Paprika vom Grill schmeckt in vielen Variationen. Gegrillt wird ihre Süße hervorgehoben, die sehr gut mit dem leicht bitteren Geschmack der Austernpilze harmoniert. Die Röstaromen unterstreichen das Aroma und überraschen in Verbindung mit der Vinaigrette durch eine mediterrane Note. Ein milder Balsamico-Essig verleiht dem Gerichte eine angenehm leichte Säure.

ZUBEREITUNG

1 Den Knoblauch schälen und fein hacken. Olivenöl, Balsamico-Essig und Senf zu einer Vinaigrette verrühren, dann Knoblauch, Thymian, Salz und Pfeffer unterrühren.

2 Die Austernpilze waschen, in mundgerechte Stücke schneiden und in einer Schüssel oder einem Gefrierbeutel mit etwa der Hälfte der Vinaigrette für ungefähr 30 Minuten bei Zimmertemperatur marinieren.

3 Die Paprika im Ganzen für etwa 15 bis 20 Minuten grillen. Dabei gelegentlich wenden, bis sie von allen Seiten schwarz werden, beiseitestellen. Dann die Austernpilze auf einem engen Rost oder in einer löchrigen Grillpfanne rund 15 Minuten über direkter Hitze garen, dabei gelegentlich wenden.

4 Die Paprika häuten (siehe Tipp 1) und in mundgerechte Stücke schneiden, Petersilie hacken. Anschließend Austernpilze, Paprika und Petersilie in einer Schüssel mit der restlichen Vinaigrette vermengen und bei Zimmertemperatur servieren

TIPPS

1 Legen Sie die Paprika nach dem Grillen in einen Gefrierbeutel und lassen Sie sie für etwa 10 Minuten ruhen. Durch den entweichenden Wasserdampf löst sich die Haut und lässt sich dann mit einem Küchenmesser leicht entfernen.

2 Dieses Gericht lässt sich bequem am Vortag vorbereiten, etwa 1 Stunde vor dem Essen aus dem Kühlschrank nehmen, damit der Salat sein Aroma entfalten kann. Wie fast immer, passt das Pilzaroma dieses Salats gut zu Fleischgerichten, aber auch Vegetarier werden mit diesem Gericht rundum glücklich.

GERÖSTETE PAPRIKA UND GEGRILLTE GAZPACHO

ZUTATEN
für jeweils 4 Portionen

Geröstete Paprika
- 4 rote Spitzpaprika
- 2 Knoblauchzehen
- 3 EL Olivenöl
- 1 TL Zitronensaft
- Meersalz
- Sonstiges: 1 Gefrierbeutel

Gegrillte Gazpacho
- 8 große Strauchtomaten
- 3 rote Paprika
- 2 rote Zwiebeln
- 1 rote Chilischote
- 1 Salatgurke
- 2 Knoblauchzehen
- 2 EL frisches Basilikum
- 5 EL Olivenöl
- 1 EL Weißweinessig
- 1 TL Zucker
- 1 TL Salz
- ½ TL grober Pfeffer, frisch gemahlen
- 500 ml Tomatensaft
- Sonstiges: Gefrierbeutel

ZEIT
- Geröstete Paprika: 25 Minuten Vorbereitung, 10 Minuten Grillen
- Gegrillte Gazpacho: 10 Minuten Vorbereitung, 60 Minuten Grillen

Geröstete Paprika ist, ob kalt oder lauwarm, eine leckere und leichte Beilage, die auf dem Grill gut ein leichtes Raucharoma annimmt. Sie eignet sich zur frischen Vorspeise, die wegen ihrer Süße auch von Kindern gern gegessen wird. Die Gazpacho bekommt durch das gegrillte Gemüse einen besonderen Pfiff – leichte spanische Sommerküche.

ZUBEREITUNG

Geröstete Paprika: Den Strunk der Paprika entfernen, die Kerne und Rippen auskratzen. Die Paprikaschoten im Anschluss circa 10 Minuten unter häufigem Wenden grillen, bis die Haut Blasen wirft und eine dunkelbraune bis schwarze Farbe annimmt. Die gegrillten Paprika in einen Gefrierbeutel geben, diesen verschließen und für 10 Minuten beiseitelegen. Den Knoblauch in dünne, ungefähr 1 bis 2 mm dicke Scheiben schneiden. Die Paprika aus dem Beutel holen, Haut abziehen, grob stückeln und auf einem Teller anrichten. Die Knoblauchscheiben darüber verteilen, mit Olivenöl und Zitronensaft beträufeln und mit Meersalz abschmecken.

Tipps: Als Vorspeise serviert, reicht man noch ein Baguette dazu. Als Beilage passen gegrillte Paprika besonders zu herzhaften Rind- und Schweinefleischgerichten. Mit gegrillten Auberginen, Pilzen, Tomaten und Zucchini ideal für einen Antipasti-Teller.

Gegrillte Gazpacho: Tomaten und Paprika im Ganzen für 15 bis 20 Minuten direkt über mittlerer Hitze grillen. Dabei gelegentlich wenden, bis sie von allen Seiten schwarz werden, dann wie oben verfahren und in einen Gefrierbeutel legen. Inzwischen Zwiebeln vierteln und zusammen mit der Chilischote für etwa 10 Minuten direkt grillen, bis sie leicht angebräunt sind. Danach die Salatgurke schälen, längs halbieren und mit einem Teelöffel die Kerne entfernen. Tomaten und Paprika häuten, die Kerne und den Stiel der Paprika entfernen. Eine halbe Gurke und eine Paprika fein würfeln und beiseitestellen. Knoblauchzehen schälen und mit dem restlichen Gemüse in einer Küchenmaschine oder mit einem Pürierstab fein pürieren. Basilikum fein hacken, Olivenöl, Weißweinessig, Zucker, Salz und Pfeffer dazugeben und gut durchrühren. Nach Geschmack mit Tomatensaft verdünnen. Gewürfelte Gurke und Paprika einrühren und im Kühlschrank etwa 4 Stunden abkühlen lassen. Kalt servieren.

Tipps: Die Gazpacho lässt sich gut am Vortag vorbereiten. Als Variante können Sie die kalte Suppe mit warmen gegrillten Garnelen servieren.

MEER GRILLEN

Fisch und Meeresfrüchte vom Grill schmecken großartig. Und die Zubereitung kann ganz einfach sein: Sie können zum Beispiel eine Makrele oder Forelle leicht gewürzt in Alufolie wickeln und langsam garen lassen. Aber wir wollen Ihnen auch ein paar raffiniertere Zubereitungsarten zeigen: von scharfen Austern bis Lachs auf der Zedernplanke.

GESPIESSTE RIESENGARNELEN

ZUTATEN *für 4 Portionen*

- *2 Knoblauchzehen*
- *¼ rote Thai-Chili*
- *4 EL Rapsöl*
- *½ unbehandelte Zitrone*
- *Salz, Pfeffer*
- *4 Garnelenschwänze ohne Schale (à etwa 100 g)*
- *Sonstiges: 4 Holzspieße (etwa 15 cm lang)*

ZEIT

*Lange Marinierdauer!
15 Minuten Vorbereitung,
5 bis 10 Minuten Grillen;
Marinierzeit: 6 Stunden*

Dieses Fingerfood wird in asiatischen Garküchen oft angeboten. Ob Bangkok, Hanoi oder chinesische Metropolen, aus dem Straßenbild asiatischer Städte sind die kleinen, meist mit Holzkohlegrill ausgestatteten Garküchen nicht wegzudenken. Auch auf dem eigenen Grill kann man diesen kleinen Imbiss mit seinem feinen Geschmack leicht selbst machen.

ZUBEREITUNG

1 Die Holzspieße etwa 15 Minuten in Wasser legen und einweichen lassen.

2 Anschließend die Marinade zubereiten. Dazu Chili waschen, aufschneiden, von Kernen und Innenhäuten befreien. Dann Knoblauch und Chili fein hacken, mit Olivenöl, 1 EL Zitronensaft und 1 EL abgeriebener Zitronenschale in einer flachen Schüssel kräftig verrühren. Mit Salz und Pfeffer abschmecken.

3 Die Garnelen spülen und trocken tupfen, danach in die Marinade geben und alles gut vermengen. Die Schüssel abdecken und Garnelen im Kühlschrank für mindestens 6 Stunden durchziehen lassen. Danach die marinierten Garnelen der Länge nach auf die Spieße stecken.

4 Garnelenspieße für ungefähr 6 bis 8 Minuten indirekt grillen, bis sie eine rosa Farbe annehmen. Das Garnelenfleisch sollte beim Servieren noch saftig sein, und wer mag, kann noch etwas von der Marinade darüberträufeln.

TIPPS

1 Garnelenspieße sind für jede Art von Marinade dankbar. Sehr gut würden sich hier auch 1 EL Limonenschale, 1 EL Limonensaft und 1 EL geriebener Ingwer anstelle der Zitrone machen. Übrigens: Ein guter Dip zu den Spießen ist die Erdnusssauce von der folgenden Seite.

2 Riesengarnelen, auch Prawns genannt, gehören zur Familie der Krabben und kommen sowohl im Süßwasser als auch in der Tiefsee vor. Süßwassergarnelen aus Asien sind in der letzten Zeit allerdings häufig durch ihre hohen Schadstoffbelastungen in Misskredit gekommen, deshalb sollte man auf Bioprodukte achten oder Tiefseegarnelen nehmen. Damit die Tiefkühlware frischer schmeckt, übergießen Sie die unaufgetauten Garnelen mit kochendem Salzwasser und lassen sie eine knappe Minute darin stehen. Danach spülen Sie sie gründlich mit kaltem Wasser ab.

Königs-Garnelen-Spieße
- 1 kg Garnelen (vorgekocht, küchenfertig; TK-Ware)
- 500 g getrocknete Tomaten
- Sonstiges: lange Holzspieße (circa 20 cm lang)

Marinade
- 10 Knoblauchzehen, fein geschnitten und gehackt
- 100 ml Olivenöl
- 100 ml rote Asia-/Thai-Chilisauce süß-sauer
- 30 ml grüne Chilisauce, scharf
- 4 EL Honig
- 4 Piri-Piri aus dem Glas, entkernt, fein gehackt
- 40 ml Kirschwasser

Fernöstliche Erdnusssauce (500 ml)
- 3 EL brauner Zucker
- 2 EL Reisessig
- ½ Chilischote
- 1 TL Shrimppaste
- 250 ml Kokosmilch
- 250 g Erdnussbutter

ZEIT
- Königs-Garnelen-Spieße: 45 Minuten Vorbereitung, 15 Minuten Grillen
- Fernöstliche Erdnusssauce: 20 Minuten

Indirektes Grillen

KÖNIGS-GARNELEN-SPIESSE

Schauen Sie bloß nicht im Lexikon nach, was Königs-Garnelen sind. Die gibt es nicht. Das Gericht heißt so, weil die gespießten Garnelen eines der Lieblingsgerichte von Thomas Brinkmann, dem Teamchef der BBQ-Scouts, sind. Als Anführer der besten deutschen Griller durfte er sich Deutscher Grillkönig 2009 nennen. Kaum eines seiner Barbecues startet nicht mit dieser köstlichen Vorspeise. Passend dazu: eine typisch asiatische Erdnusssauce, die in Indonesien, Malaysia und Thailand ihre Freunde hat.

ZUBEREITUNG

Königs-Garnelen-Spieße: Garnelen wie im Tipp 2 auf Seite 139 beschrieben auftauen. Die Zutaten der Marinade in einer Schüssel gut miteinander vermischen. Garnelen und getrocknete Tomaten längs aufspießen, jeweils abwechselnd 3 Garnelen und 2 Tomaten pro Spieß. Spieße und Marinade in einen dichten Kunststoffbehälter geben, vorsichtig, aber gründlich schütteln und über Nacht im Kühlschrank durchziehen lassen. Die Garnelenspieße bei mittlerer Hitze von etwa 160 °C circa 15 Minuten lang indirekt grillen. Direkt vom Grill als Fingerfood reichen oder mit einer Scheibe Baguette und etwas Erdnusssauce (siehe unten) auf dem Teller servieren.

Tipps: Diese Spieße nicht direkt grillen, damit kein Öl in die Glut tropft. Marinaden für Garnelen lassen Ihrer eigenen Kreativität großen Spielraum. Mixen Sie einfach mal Zutaten zusammen, die Sie mögen: Egal ob Öl, Ketchup, Chilisauce, Schnaps, Teriyaki-Sauce, flüssige Butter, Honig, Knoblauch, Gewürze – was auch immer.

Fernöstliche Erdnusssauce: Zucker in einem Topf leicht karamellisieren und mit Reisessig ablöschen. Chilischote vom Kerngehäuse befreien, klein schneiden und mit der Shrimppaste in den Topf geben, mit Kokosmilch auffüllen. Etwa 10 Minuten leicht kochen lassen. Erdnussbutter nach und nach dazugeben, gut vermischen, bis eine homogene Sauce entsteht. Sauce in eine Schale füllen und warm oder kalt servieren.

Tipp: Die Shrimppaste (erhältlich im Asialaden) kann auch durch die gleiche Menge Hummerbutter ersetzen werden. Die Erdnusssauce passt auch sehr gut zu den gespießten Garnelen auf der vorhergehenden Seite.

GEFÜLLTE KALMARE

ZUTATEN *für 4 Portionen*
- *4 Kalmar-Tuben oder ganze Kalmare*
- *Saft einer halben Zitrone*
- *1 Bund glatte Petersilie*
- *1 Cocktailtomate*
- *1 EL Kapern*
- *2 Knoblauchzehen*
- *160 g Schafskäse aus der Salzlake*
- *Salz, Pfeffer*
- *1 EL Olivenöl*
- *Sonstiges: 4 Holzspieße (etwa 6 cm lang)*

ZEIT

30 Minuten Vorbereitung, 30 Minuten Grillen

Kalmare haben zehn Fangarme und sind damit keine Kraken (die haben acht Arme) und auch keine echten Tintenfische (Sepia), denn sie leben im offenen Meer (die Sepia am Boden in Küstennähe). Mit Kraken und Sepia gemein haben die Kalmare, dass sie falsche Zubereitung mit gummiartiger Konsistenz bestrafen. Vom Grill („a la plancha") gelingt die Zubereitung dieses mageren Meerestieres aber meist leicht: knusprig, rauchig, lecker!

ZUBEREITUNG

1 Holzspieße wässern, die Kalmar-Tuben waschen oder gegebenenfalls ganzen Kalmar ausnehmen und putzen wie in Tipp 1 beschrieben.

2 Petersilie und Tomate waschen und ebenso wie Kapern und Knoblauch fein hacken. Den Käse zerbröseln, alles in eine Schüssel geben und gut vermengen, mit Salz und Pfeffer abschmecken.

3 Die Masse locker in die Tintenfischtuben füllen und jede an der Öffnungsseite mit einem Holzspieß verschließen. Danach die gefüllten Tuben mit Olivenöl einreiben.

4 Den Tintenfisch etwa 1 bis 2 Minuten von jeder Seite direkt auf dem heißen Rost angrillen, damit die Tuben eine Grillmarkierung erhalten. Anschließend circa 20 bis 25 Minuten bei etwa 160 °C indirekt weitergrillen. Der Tintenfisch ist fertig, wenn er eine leicht goldene Farbe bekommt.

TIPPS

1 Wenn Sie ganze Kalmare gekauft haben, spülen Sie sie gründlich unter Wasser ab, danach gut mit einem Küchentuch abtrocknen. Ziehen Sie die dünne Haut ab und anschließend das Innere mit den Tentakeln aus dem Tintenfischkörper heraus. Schneiden Sie die Tentakeln vom Kopf los und bewahren Sie sie auf. Die Tintenfischtuben (Körperbeutel des Tintenfischs) umstülpen und gründlich waschen und trocken tupfen. Die Tuben wieder umkrempeln und mit Zitronensaft beträufeln.

2 Zur Füllung eignen sich auch etwa 160 g vom Couscous-Salat (Seite 99).

Direktes Grillen

JAKOBSMUSCHELN AUF BASILIKUMSAUCE

ZUTATEN *für 4 Portionen*

- *12 frische Jakobsmuscheln*
- *1 EL Olivenöl*
- *Salz, Pfeffer*

Basilikumsauce

- *1 Bund Basilikum*
- *1 Knoblauchzehe*
- *80 ml Olivenöl*
- *Salz, Pfeffer*

ZEIT

30 Minuten Vorbereitung, 5 Minuten Grillen

Diese „grün-weiße" Kombination besticht nicht nur durch ihre Optik, sondern auch durch ihre Leichtigkeit des zart nussigen Aromas der Muscheln, dem leichten Geschmack nach Meer im Verbund mit der würzigen Sauce. Dieses Gericht empfiehlt sich als geschmackvolle Einstimmung zu einem exklusiven Grillmenü: puristisch, aber sehr edel.

ZUBEREITUNG

1 Zum Öffnen der Muscheln legt man sie etwa 30 Sekunden auf eine heiße Grillplatte und klappt dann die flachere Schale hoch.
2 Für die Sauce die Basilikumblätter von den Stielen zupfen und klein schneiden. Den Knoblauch grob hacken. Beides mit Olivenöl in einem hohen Gefäß mit dem Pürierstab fein pürieren. Mit Salz und Pfeffer abschmecken.
3 Das Muschelfleisch leicht einölen und von 2 Seiten jeweils etwa 2 Minuten direkt auf dem heißen Rost angrillen, bis es eine Grillmarkierung erhält.
4 Auf je einer der Muschelschalen einen Spiegel mit der Basilikumsauce herrichten und jeweils drei Jakobsmuscheln in die Sauce setzen, mit Salz und Pfeffer würzen und servieren.

TIPPS

1 Wenn Sie Muscheln in der Schale kaufen, sollten diese, wie alle frischen Muscheln, beim Kauf noch geschlossen sein. Alle schwarzen Innereien, der faserige Bart und der orangerote Rogen (Corail) werden entfernt. Verwertet wird der zylinderförmige weiße Muskelstrang zwischen den Klappen.
2 Als jahreszeitliche Alternative zum Basilikum kann die Sauce auch aus 200 g gekochten Roten Beten hergestellt werden.

THAI-AUSTERN

- *4 Austern (Fines de claire oder Sylter Austern)*

Thai-Chili-Sauce
- *1 rote Thai-Chilischote*
- *1 Knoblauchzehe*
- *10 g Ingwer, frisch (ca. 2 cm Wurzel)*
- *30 g Zucker*
- *1 TL Speisestärke*
- *1 EL Reisessig*
- *Salz*

ZEIT

25 Minuten Vorbereitung, 5 Minuten Grillen

Man sagt, Ludwig der XIV., der „Sonnenkönig", habe mit seinen Kurtisanen regelmäßig Unmengen an Austern geschlürft. Grillt man diese Variante des Austerngerichts nach, lässt sich das Verlangen des Sonnenkönigs nach den rauchigen Austern mit ihrer süß-scharfen Note nachvollziehen. Dank der „Austernbauern" ist der Genuss von Austern heute auch für Normalsterbliche erschwinglich und kein königliches Privileg mehr.

ZUBEREITUNG

1 Die Chilis waschen, längs vierteln und ohne Kerngehäuse sehr klein schneiden. Den Knoblauch und den Ingwer schälen und ebenfalls sehr fein hacken.
2 Zucker in einen Topf streuen und mit etwas Wasser befeuchten. Bei mittlerer Hitze schmelzen. Danach die Chilis und den Knoblauch ungefähr 5 Minuten darin andünsten, dann Hitze reduzieren. Den Topf vom Herd nehmen und kurz abkühlen lassen. Ingwer zugeben, 250 ml Wasser angießen und unter Rühren nochmals aufkochen.
3 Die Speisestärke mit etwas kaltem Wasser anrühren, mit dem Essig zum Sirup gießen und anschließend 3 Minuten kochen lassen. Nach Geschmack salzen und etwas abkühlen lassen.
4 Austern öffnen (siehe Tipp 1) und die Chilisauce in die gewölbte Schale füllen.
5 Die gefüllten Austernschalen 2 bis 3 Minuten direkt grillen. Damit die Austern nicht umkippen, kann man selbst geformte Ringe aus Alufolie unterlegen.

TIPPS

1 Zum Öffnen der Austern benötigen Sie ein Austernmesser, andere Messerklingen könnten abbrechen. Nehmen Sie die Muscheln mit einem festen Tuch oder speziellem Handschuh fest in die Hand. Achten Sie darauf, dass die gewölbte Seite nach unten zeigt. Mit dem Messer stechen Sie am Scharnier ein, durchtrennen dieses und führen das Messer zwischen den beiden Schalenhälften rundherum. Dann die Oberhälfte abnehmen, die untere Schale dabei waagerecht halten und das Muschelfleisch vorsichtig mit dem Messer aus der Schale lösen. Abgesplitterte Schalenreste immer von innen nach außen vom Rand der Muschel entfernten.
2 Anstatt der Thai-Sauce können Sie auch die gleiche Menge Cola-Whiskey-Sauce oder BBQ-Sauce (beide Seite 52) verwenden.

Meer Grillen

GEGRILLTER SAIBLING

ZUTATEN *für 4 Portionen*

- *4 ausgenommene und geschuppte Saiblinge (à 300 g)*
- *½ Bund glatte Petersilie*
- *1 TL Salz*
- *1 TL Pfeffer*
- *1 EL Estragon*
- *1 EL Bärlauchöl*
- *Sonstiges: 4 große, längliche Kartoffeln, die in den Bauchraum der Saiblinge passen.*

ZEIT

30 Minuten Vorbereitung, 25 Minuten Grillen

Fragen Sie Ihren Fischhändler unbedingt mal nach Saiblingen. Geschmacklich erinnert dieser Fisch an Lachsforellen, da er zur Gattung der Lachsfische gehört. Sein Fleisch ist jedoch feiner und aromatischer im Geschmack und lässt sich gern von frischen Kräutern begleiten. Bei der nun folgenden Zubereitungsart behält der Saibling seine Haut, die das empfindliche Fleisch vor der Hitze schützt und sehr saftig hält.

ZUBEREITUNG

1 Die Saiblinge außen und innen waschen, abtropfen lassen und den Bauchraum mit einem Küchentuch trocken tupfen.

2 Petersilie fein hacken, mit Salz, Pfeffer, Estragon und dem Öl in eine Schüssel geben und vermengen. Das Würzöl nun in den Bäuchen der Fische verteilen.

3 Die Kartoffeln waschen (eventuell bürsten) und längs eine schmale Scheibe abschneiden, damit die Kartoffel eine Standfläche bekommt. Die Kartoffel mit der Standfläche auf den Grillrost stellen und den Fisch mit der Bauchseite auf die Kartoffel setzen.

4 Den Fisch 20 bis 25 Minuten bei mittlerer Temperatur von etwa 160 °C indirekt grillen. Die Saiblinge sind fertig, wenn die Haut eine leicht goldene Farbe bekommt und sich die Rückenflosse wellt. Der Fisch sollte filetiert und ohne Haut gegessen werden.

TIPPS

1 Anstatt der Saiblinge eignen sich auch hervorragend Forellen. In der Bärlauch-Saison kann dieser auch anstelle der Petersilie verwendet werden, dann sollte man aber das Bärlauchöl gegen die gleiche Menge Olivenöl tauschen.

2 Wenn Sie zu Beginn des Grillvorgangs eine Handvoll Buchenholzspäne zur Kohle geben, erhält der Fisch einen leichten Rauchgeschmack.

3 Da der Fisch auf einer Kartoffel steht, die nur als Ständer dient, klebt die Fischhaut auch nicht am Rost oder an Fischgittern an. Mit dieser Methode bereiten Sie auch andere Fischsorten wie zum Beispiel Wolfsbarsch ganz souverän zu.

4 Wer noch mehr Würze in ganze Fische einbringen will, der schneidet beidseitig (senkrecht zur Mittelgräte) einige nicht zu tiefe Schnitte in Haut und Rückenfleisch (das sogenannte Ziselieren). Damit erreicht man, dass der Fisch gleichmäßiger gart und den Grillgeschmack noch intensiver aufnimmt.

SICH DÜNN GRILLEN

Wie unser Buch zeigt, ist Grillen mehr als Nackensteak und Wurst. Abwechslungsreich, gesund und fettarm kann es sein. In nahezu jede bewusste Ernährung und Diät lässt sich der Grill einbauen und Bikinifigur und Waschbrettbauch sind nicht gefährdet.

Fisch, mageres Fleisch und Gemüse bekommen vom Grill ein ganz anderes Aroma als aus der Teflonpfanne, und nur ein Hauch von Öl ist notwendig, um ein Ansetzen am Grillrost zu verhindern.

KABELJAU IM SERRANOMANTEL

ZUTATEN *für 4 Portionen*
- *2 Kabeljaufilets (à 400 g)*
- *150 ml Tomatenpesto aus dem Glas*
- *8 Scheiben Serranoschinken*
- *Pfeffer*

ZEIT

50 Minuten Vorbereitung, 25 Minuten Grillen

Fettarmer Fisch wie der Kabeljau mit seinem weißen Fleisch trocknet auf dem Grill schnell aus. Dem wirken hier Pesto und der Serranoschinken entgegen. Wie man sieht, kann Kabeljau mehr sein als nur „Fish & Chips". Wegen überfischter Bestände sollten Sie keinen Kabeljau aus der Nordsee kaufen. Als Alternative empfiehlt sich Seelachsfilet.

ZUBEREITUNG

1 Die Filets mit dem Tomatenpesto bestreichen und mit etwas Pfeffer würzen. Filets aufrollen und jede Rolle dann in 4 einzelne Medaillons schneiden.

2 Jedes Medaillon vorsichtig in Serranoschinken wickeln, dann das Ganze 30 Minuten im Kühlschrank wieder etwas fest werden lassen.

3 Bei schwacher bis mittlerer direkter Hitze circa 25 Minuten grillen. Dabei den Deckel schließen und die Medaillons mehrfach wenden, am besten mit einer Palette. Idealerweise servieren Sie den Fisch zu einem frischen Salat oder auf Pasta mit etwas Pesto.

TIPP

Den richtigen Gargrad des Fisches erkennt man am leichtesten, indem man von der Seite vorsichtig mit einem spitzen Messer einsticht. Der Fisch sollte nicht mehr glasig aussehen, sondern leicht rosa bis weiß. Die Kerntemperatur sollte bei 60 °C liegen.

LACHS AUF DER ZEDERNPLANKE

ZUTATEN *für 4 Portionen*

- *2 EL Limettensaft*
- *2 EL Orangensaft*
- *2 EL heller Balsamessig*
- *2 EL mittelscharfer Senf*
- *2 EL Honig*
- *2 EL frischer Schnittlauch*
- *1 TL Salz*
- *½ TL Pfeffer*
- *½ Knoblauchzehe*
- *¼ TL Chilipulver*
- *50 ml Rapsöl*
- *600 g Lachsseite (ohne Gräten, mit Haut)*
- *Salz, Pfeffer*
- *2 Limetten*
- *Sonstiges: 1 Grillplanke (siehe Tipp Seite 84)*

ZEIT

20 Minuten Vorbereitung, 25 Minuten Grillen

Im Gegensatz zum herkömmlichen Grillen wird das Grillgut beim Einsatz von Grillplanken sehr schonend gegart. Planken aus dem Holz der Rotzeder verleihen dem Grillgut eine würzige, rauchige Note. Das Holz duftet stark aromatisch und wurde schon von den nordamerikanischen Indianern zum Zubereiten ihrer Speisen verwendet. Das Plankengrillen bringt Abwechslung in ein Menü und sieht beeindruckend aus – vor allem, wenn Sie den Fisch direkt von der Planke aus servieren.

ZUBEREITUNG

1 Die Planke für 30 bis 60 Minuten in kaltes Wasser legen. Währenddessen alle Zutaten für das Dressing außer dem Öl in einen Mixer oder Mixbecher geben und unter langsamer Zugabe des Öls zu einer glatten Sauce mixen.
2 Den Lachs salzen und pfeffern. Im Abstand von 2 bis 3 Zentimetern den Lachs bis auf die Haut einschneiden, die Haut aber nicht durchtrennen. Den Fisch vollständig mit der Sauce einpinseln und die Einschnitte im Lachs mit halben Limettenscheiben spicken.
3 Planke aus dem Wasser nehmen und für 2 bis 3 Minuten direkt auf den heißen Grillrost legen, bis sie anfängt, leicht zu qualmen.
4 Den Lachs mit der Hautseite nach unten auf die Planke legen und 20 bis 25 Minuten im geschlossenen Grill bei mittlerer bis hoher Hitze von 180 bis 200 °C grillen, bis das Fischfleisch fest wird und das austretende Eiweiß zu stocken beginnt.

TIPPS

1 Anstatt der Sauce können Sie auch Kräuterpesto verwenden. Hierzu 1 Bund gemischte Kräuter (Basilikum, Oregano, Schnittlauch, Salbei) waschen, gut abtropfen lassen und Blätter von den Stielen zupfen. 60 g Pinienkerne in einer Pfanne anrösten, 2 Knoblauchzehen schälen und grob hacken. Kräuter, Pinienkerne und Knoblauch im Mixer gut zerkleinern. 70 g Parmesan reiben, 80 ml Rapsöl zugeben und mit Salz und Pfeffer pikant abschmecken.
2 Versuchen Sie auch mal Planken aus anderen Holzsorten wie zum Beispiel Buche oder Kirsche. Falls Sie keine Planken bekommen, können Sie den Lachs auch in einer feuerfesten Form zubereiten.

LACHSSPIESSE AUF CIABATTA

ZUTATEN *für 6 Portionen*
- 750 g Lachsfilet
- 2 rote Paprika
- 2 grüne Paprika
- 1 ½ EL Maisstärke
- ½ TL Salz
- 1 TL Pfeffer, frisch gemahlen
- 1 großes Ei (nur Eiweiß)
- 4 EL Olivenöl
- 1 Ciabatta-Brot
- Sonstiges: 6 Schaschlikspieße (aus Holz)

Tomatensalsa
- 6 Tomaten, mittelgroß
- 1 Zwiebel, klein
- 12 Blätter Basilikum
- 150 ml Olivenöl
- 3 EL Zitronensaft
- Salz, Pfeffer

ZEIT
*25 Minuten Vorbereitung,
15 Minuten Grillen*

Mit diesen „etwas anderen" Schaschlikspießen werden Sie Stürme der Begeisterung entfachen. Lachs lässt sich auf unterschiedliche Weise auf dem Grill zubereiten und kombinieren. Die Panade hält hier die kleinen Stücke saftig, das Gemüse gibt etwas frischen Biss. Und die Salsa verleiht dem Gericht den besonderen Kick.

ZUBEREITUNG

1 Die Holzspieße in Wasser einlegen. Lachs in große Würfel (circa 3 cm Kantenlänge) schneiden, Paprika waschen, Kerngehäuse entfernen und wie den Lachs in große Würfel schneiden.

2 Lachswürfel in eine flache Schüssel geben. Stärke, Salz und Pfeffer darüberstreuen. Das kurz verschlagene Eiweiß hinzufügen und alles miteinander vermischen, bis der Lachs rundum bedeckt ist. 15 Minuten kühl stellen und währenddessen die Salsa zubereiten.

3 Tomaten vierteln und entkernen, Zwiebel schälen und fein hacken. Zusammen mit allen weiteren Salsazutaten mit einem Standmixer oder Mixstab hacken und vermischen. Mit Salz und Pfeffer abschmecken. Bis zum Servieren kühl stellen.

4 Lachsstücke abwechselnd mit den Paprikastücken auf die sechs gewässerten Spieße reihen und über mittlerer bis hoher Hitze ungefähr 10 Minuten direkt grillen. Dabei regelmäßig mit Olivenöl bepinseln.

5 Ciabatta der Länge nach in sechs Scheiben schneiden, damit die Spieße gut auf das Brot passen, und auf dem Grill leicht antoasten.

6 Salsa auf den Broten verteilen und je einen Lachsspieß daraufgeben und servieren.

TIPPS

1 Die Salsa kann nach Belieben mit anderen Kräutern, Ölen und Gemüsen variiert werden. Wenn es die Zeit erlaubt, kann auch das Salsagemüse zunächst angegrillt und dann abgekühlt zur Salsa verarbeitet werden.

2 Kaufen Sie nicht irgendeinen Lachs, sondern gönnen Sie sich diesen Genuss lieber etwas seltener und achten dafür auf Qualität und Nachhaltigkeit. Wählen Sie zum Beispiel Zuchtlachs aus ökologisch bewirtschafteten Aquakulturen.

THUNFISCH IN SESAMKRUSTE

ZUTATEN *für 4 Portionen*
- *4 EL Honig*
- *1 EL Sojasauce*
- *4 Thunfischsteaks in Sashimi-Qualität (à 200 g, etwa 2 cm dick)*
- *Öl für den Rost*
- *2 EL Sesamkörner*

ZEIT

5 Minuten Vorbereitung, 10 Minuten Grillen; Marinierzeit: 2 Stunden

Beim gut sortierten Fischhändler erhält man oft Thunfisch in Sashimi-Qualität. Eigentlich bezieht sich die Bezeichnung „Sashimi" auf die Zubereitungsart. In Japan wird der Fisch dünn aufgeschnitten und roh verzehrt. Voraussetzung dafür ist die Auswahl des Fischstücks und vor allem die Frische. Genau diese Qualität ist für dieses Gericht vonnöten, da der Fisch nur kurz angegrillt wird und danach indirekt noch etwas nachziehen darf, bis er medium ist.

ZUBEREITUNG

1 Honig und Sojasauce für die Marinade in einer kleinen Schüssel verrühren. Die Thunfischsteaks in einer Schale oder in einem Gefrierbeutel mit der Marinade übergießen und mindestens 2 Stunden im Kühlschrank ziehen lassen.

2 Die marinierten Steaks vor dem Auflegen auf Zimmertemperatur kommen lassen. In der Zwischenzeit kann die Grillkohle vorbereitet werden.

3 Die Thunfischsteaks mit einem Haushaltstuch leicht abtupfen und auf einer Seite mit Sesamkörnern bestreuen und mit dieser Seite zuerst auf den gut geölten Grillrost auflegen und 90 Sekunden scharf angrillen. Der Abstand zwischen Glut und Grillrost darf nicht zu gering sein, sonst werden die Steaks sehr schnell schwarz, da der Zucker im Honig verbrennt. Der soll nur leicht karamellisieren und ein schönes Branding ergeben. Währenddessen die oben liegende Seite mit Sesamkörnern bestreuen. Nach dem Wenden die Rückseite weitere 90 Sekunden grillen.

4 Nun werden die Steaks indirekt neben die Glut gelegt, der Deckel wird geschlossen und der Fisch gart bei einer niedrigen Temperatur um 110 °C noch etwa 5 Minuten nach, bis er medium ist. Servieren Sie ihn mit etwas Weißbrot.

TIPP

Neben Weißbrot gesellt sich gern auch ein trockener Weißwein zum Thunfisch.

FLEISCH VOM ROST

In diesem Kapitel kommen wir zur Königsdisziplin: gegrilltes Fleisch von
Wild, Lamm, Schwein und Rind. Es muss nicht immer Steak sein, selbst
große Braten schmecken vom Grill besser als aus dem Backofen – wenn
man die richtige Technik beherrscht. Wir geben Ihnen das nötige Hand-
werkszeug und ein paar weltmeisterliche Rezeptideen.

SURF 'N' TURF – STEAK MIT HUMMER

ZUTATEN *für 4 Portionen*

- *4 Filetsteaks (aus der Mitte des Rinderfilets, je 4 cm dick, à 200 g)*
- *4 Zweige Rosmarin*
- *Olivenöl*
- *50 g Butter*
- *1 Pck. Safranfäden (125 mg)*
- *Fleur de Sel*
- *2 Hummer (TK)*
- *Pfeffer (Tellycherrie), frisch gemahlen*
- *Sonstiges: Bratenschnur; Fleischthermometer*

ZEIT

30 Minuten Vorbereitung, 60 Minuten Grillen

Die zwei Hauptbestandteile dieses sagenumwobenen Rezepts kommen aus dem Meer (Surf) und von der Weide, vom Gras (Turf). Das Rinderfilet wird hier „umgekehrt" gegrillt: Zuerst indirekt – so behält das Fleisch seinen Saft im Innern und zieht bei geringer Temperatur schonend gar –, später wird auf heißem Rost ein Branding hinzugefügt.

ZUBEREITUNG

1 Der Grill wird auf indirektes Grillen vorbereitet und auf niedrige Hitze von 120 °C vorgeheizt. Die Steaks mit Küchenpapier trocken tupfen, mit einem Zweig Rosmarin bardieren: Der Rosmarinzweig wird um die Steakscheiben herumgelegt und mit Bratenschnur fixiert. Die Steaks mit etwas Olivenöl einstreichen und auf den Grill legen, ohne dass sie direkte Hitze bekommen. Der exakte Garpunkt lässt sich nur mit einem Bratenthermometer bestimmen: Bei 54 °C Kerntemperatur kann das Fleisch vom Grill, das dauert ungefähr 60 Minuten. Das Fleisch muss nicht unbedingt gewendet werden.
2 In die zimmerwarme Butter die Safranfäden mit einer Gabel einarbeiten, salzen.
3 Den Kopf des aufgetauten Hummers abdrehen. Dann mit einem stabilen Messer Hummerschwänze der Länge nach spalten. Beinchen und Scheren abdrehen und die dicken Scheren mit einem Schlag des Messerrückens anknacksen, damit man sie später besser aufbrechen kann.
4 Hummerhälften mit der Schale nach oben auf die direkte Seite des Grills legen. Die Hummer auf jeder Seite etwa 3 Minuten angrillen und danach indirekt warm legen.
5 Sobald die Steaks die Kerntemperatur von 54 °C erreicht haben, werden sie noch eine Minute von jeder Seite scharf direkt angegrillt, so entsteht das Branding. Das sieht schön aus und gibt zusätzliche Röstaromen. Das Fleisch sollte danach noch ein paar Minuten in Alufolie ruhen.
6 Angerichtet werden die Medaillons, nur mit Salz und Pfeffer gewürzt, mit je einem halben Hummerschwanz, der Safranbutter auf dem Krustentier und einer Schere dazu.

TIPP

Sie können auch lebenden Hummer kaufen, das schmeckt besser, aber Sie brauchen dann einen riesigen Topf: Der Hummer muss vollständig mit dem Kopf zuerst 2 Minuten in kochendes Wasser getaucht werden, das ist die einzige in Deutschland zugelassene Tötungsmethode.

KNOBLAUCHSTEAK

ZUTATEN *für 4 Portionen*
- *1 Knoblauchknolle*
- *5 EL Olivenöl*
- *grobes Meersalz*
- *1 Zweig Rosmarin (Blätter, fein gehackt)*
- *Pfeffer*
- *4 Rindersteaks (à 200– 250 g, am besten Rump- steak oder Rib-Eye-Steak)*

ZEIT

30 Minuten Vorbereitung, 20 Minuten grillen; Mari- nier- und Ruhezeiten: 45 Mi- nuten

Ein gutes Steak braucht nicht viel an weiteren Zutaten – etwas mediterran gewürzt mit Knoblauch, Rosmarin, Olivenöl, Meersalz und Pfeffer, das ist die ideale Mischung. Wenn der Knoblauch vorher geröstet wird, ist er unwiderstehlich köstlich. Rib-Eye-Steak – auch Entrecote genannt – ist für viele das Steak überhaupt. Das kleine Fettauge, daher sein englischer Name, macht es saftig und schmackhaft, auch wenn es nicht ganz so zart wie ein Filet ist.

ZUBEREITUNG

1 Das obere Drittel der Knoblauchknolle abschneiden, so dass die Zehen oben offen liegen. Die Knolle in Alufolie einwickeln, die Oberseite aber offen lassen. Die Zehen mit 1 EL Olivenöl begießen und etwas salzen.

2 Knolle indirekt auf dem Grill oder im Backofen etwa 30 Minuten bei 180 °C garen, bis sie weich wird. Nach dem Abkühlen 4 der Zehen mit einem kleinen Löffel herauslö- sen und in einer kleinen Schüssel mit dem restlichen Olivenöl, 1 EL grobem Meersalz, dem Rosmarin und 1 TL Pfeffer mithilfe einer Gabel oder eines Mörsers zu einer Paste verreiben. Den Rest des Knoblauchs können Sie aufbewahren (siehe Tipp 1).

3 Die Steaks mit der Paste einreiben und bei Raumtemperatur 30 Minuten ruhen las- sen. Dann die Steaks bei starker direkter Hitze pro Seite 1 Minute scharf angrillen, an- schließend vom Grill nehmen und die Temperatur durch Schließen der Luftzufuhr et- was herunterregeln. Nach ungefähr 10 Minuten die Steaks bei nun mittlerer indirekter Hitze wieder auflegen und bis zum gewünschten Gargrad fertig grillen.

4 Vor dem Anschneiden der Steaks diese circa 5 bis 10 Minuten mit der Alufolie abge- deckt ruhen lassen. Die Steaks können am Stück oder bereits aufgeschnitten serviert werden. Dazu passt wunderbar Chipotle-Butter (Seite 54).

TIPPS

1 Der geröstete Knoblauch ist in der Küche sehr vielseitig einsetzbar und hält sich verpackt im Kühlschrank etwa eine Woche. Nutzen Sie ihn für Knoblauchbutter, Pizza, Saucen und vieles mehr.

2 Dieses Rezept ist nicht nur für Steaks, sondern auch für ganze Rinderbraten geeig- net, zum Beispiel für Filet, Roastbeef oder ein Bürgermeisterstück. Auch zum Zuberei- ten von Schweinefleisch passt es perfekt.

3 Natürlich können Sie die Steaks auch komplett direkt grillen. Achten Sie dabei aber darauf, dass die Marinade nicht verbrennt.

ROSEMARY-LARDO-ROASTBEEF

Mit dieser mediterran angehauchten Zubereitungsweise machen Sie ein Rumpsteak zu einem kulinarischen Erlebnis. Das Steak wird zunächst scharf angegrillt, um ihm Röstaromen zu verleihen, dann mit Rosmarin und hauchdünn geschnittenem italienischem Lardo-Speck umwickelt und langsam indirekt weitergegart. Während der Lardo dabei fast komplett wegschmilzt, hält er das Fleisch saftig und macht es himmlisch kross. Mit Rosmarin als Verbündetem verleiht er dem Fleisch ein kräftiges Aroma.

ZUTATEN *für 4 Portionen*

- *4 Rumpsteaks (à 200–250 g)*
- *2 EL Olivenöl*
- *grobes Meersalz*
- *8 Zweige Rosmarin*
- *8 dünne Scheiben Lardo-Speck*
- *Sonstiges: Küchengarn, in Wasser eingeweicht*

ZEIT

45 Minuten Vorbereitung, 45 Minuten Grillen

ZUBEREITUNG

1 Den Fettrand der Rumpsteaks entfernen und mit einem Küchenpinsel die Steaks gleichmäßig mit Olivenöl einpinseln, dann mit grobem Meersalz großzügig salzen.

2 Die Steaks abgedeckt auf Raumtemperatur kommen lassen, um einen gleichmäßigeren Gargrad zu erreichen.

3 Steaks bei starker direkter Hitze 45 Sekunden pro Seite scharf angrillen. Die Steaks vom Grill nehmen und beide Seiten zunächst mit einem Zweig Rosmarin und dann mit dem Lardo belegen. Das Ganze mit in Wasser eingeweichtem Küchengarn fixieren.

4 Bei mittlerer indirekter Hitze von circa 150 °C die Steaks langsam bis zum gewünschten Gargrad fertig garen. Die Steaks vor dem Servieren kurz abgedeckt ruhen lassen und vorsichtig das Garn entfernen. Auf einem vorgewärmten Teller servieren.

TIPPS

1 Wenn Sie keinen echten Lardo bekommen, können Sie auch dünn geschnittenen Rückenspeck verwenden.

2 Anstatt einzelner Steaks kann man auch ein ganzes Roastbeef oder Filet auf diese Art zubereiten. Natürlich eignet sich diese Methode der Zubereitung ebenfalls für andere Fleischsorten wie Schwein, Lamm oder Geflügel.

3 Zu diesem Roastbeef bilden Chipotle-Butter (Seite 54) oder Chimichurri (Seite 59) perfekte Begleiter.

Fleisch vom Rost

ERDBEER-PFEFFER-RIBS

Ein süßer, fruchtiger Geschmack harmoniert hervorragend mit gegrillten Ribs. Erdbeeren verstehen sich besonders gut mit Pfeffer und verleihen den am Vortag marinierten Rippen eine pikant-fruchtige Note.

ZUTATEN *für 4 Portionen*

- *4 Stränge Ribs (aus dem Kotelettstrang à ca. 700 g)*
- *Sonstiges: breite, starke Alufolie; 3 bis 4 Scheite Obstholz (zum Smoken)*

Würzmischung

- *2 EL schwarze Pfefferkörner, frisch gemörsert (am besten Tellicherry)*
- *2 EL brauner Rohrzucker*
- *1 TL Salz*

Glasur

- *100 ml Erdbeerwein*
- *100 ml Erdbeermarmelade*
- *100 ml Barbecue-Sauce (Sorte nach Belieben)*
- *400 ml Apfelsaft*

ZEIT

Am Vortag beginnen!
30 Minuten Vorbereitung,
3½ Stunden Grillen; Marinierzeit: 12 Stunden

ZUBEREITUNG

1 Am Vortag die Ribs mit Küchenrolle trocken tupfen und Hautmembran abziehen. Würzmischung aus Pfeffer, Rohrzucker und Salz herstellen und mit der Hand gleichmäßig in das Fleisch einmassieren. Grillgut in eine Schale geben, mit Klarsichtfolie abdecken und über Nacht kühl stellen. Am nächsten Tag die Ribs vor dem Grillen eine Stunde auf Zimmertemperatur kommen lassen.

2 Den Grill zum indirekten Grillen vorbereiten und auf niedrige Hitze (etwa 120 °C) vorheizen. Hier eignen sich am besten Grillbriketts, da 4 Stunden konstant eine niedrige Temperatur gehalten werden soll. Ribs mit der Fleischseite nach unten auf den Grill legen und den Deckel schließen.

3 Es folgt eine Stunde Rauchphase, in der man nacheinander die Holzscheite auflegt. Darauf achten, dass sie mit zartem, blauem Rauch abbrennen.

4 Nach einer Stunde kommt die Folienphase. Die Ribs werden mit der gewölbten Seite nach unten in Alufolie gepackt. Vor dem Verschließen 100 ml Apfelsaft pro Päckchen dazugeben. Die Folienpäckchen werden gut verschlossen vorsichtig für 2 Stunden auf den Grill gelegt. Die Grilltemperatur sollte konstant niedrig bei 120 °C liegen. Sackt die Temperatur ab, legen Sie ein paar Kohlen nach.

5 Während der Folienphase die Glasur vorbereiten: Dafür wird Erdbeerwein in einem flachen Topf reduziert. Dann die Erdbeermarmelade und die BBQ-Sauce zugeben und die Mischung weiter reduzieren, bis sie eine sirupartige Konsistenz hat.

6 Nach 2 Stunden die Päckchen vorsichtig öffnen und den Fleischsaft in die vorbereitete Glasur gegeben. Die Ribs werden in der Zwischenzeit indirekt weitergegrillt. Die Flüssigkeit noch einmal auf ketchupähnliche Konsistenz kurz einkochen, die Ribs hiermit auf beiden Seiten bestreichen. Nun die Temperatur leicht erhöhen. Dazu die Luftzufuhr öffnen, um im Grill eine mittlere Hitze von etwa 140 °C zu erreichen. Ribs eine weitere halbe Stunde grillen, Glasur karamellisieren lassen. Sofort servieren.

TIPP

Wenn Sie ein paar grüne Pfefferkörner in die Glasur einrühren, wird der angenehme Pfeffergeschmack noch etwas verstärkt.

LAMM-KÖSTLICHKEITEN

Aus der orientalischen Küche ist Lamm kaum wegzudenken, aber auch bei uns findet es mehr und mehr Liebhaber. Die Kombination der verschiedenen Aromen beim Balsamico-Kräuter-Lammkotelett lässt auch bisherige Lammverweigerer Nachschlag verlangen. Die Lammrippe wird hier in einer Variation vorgestellt, die sich auf das kontrastreiche Zusammenspiel von Honig und Zitrone verlässt.

ZUTATEN

für jeweils 4 Portionen

Balsamico-Kräuter-Lammkotelett

- 1–2 Zweige Rosmarin
- 2 Knoblauchzehen
- 125 ml Olivenöl
- 4 EL Balsamico
- 1 EL Honig
- 2 TL Dijonsenf
- 1 TL Oregano
- Meersalz
- Pfeffer, frisch gemahlen
- 10–12 Lammkoteletts

Lammrippe mit Honig-Zitronen-Glasur

- 1 Knoblauchzehe
- 4 EL Butter
- 4 EL Honig
- 4 EL Zitronensaft
- 1 TL Rosmarin, getrocknet
- ½ TL Senfpulver
- 1,5 kg Lammrippen
- Mehl
- Salz, Pfeffer

ZEIT

- *Lammkotelett: 15 Minuten Vorbereitung, 10 Minuten Grillen; Marinierzeit: 60 Minuten*
- *Lammrippe: 20 Minuten Vorbereitung, 30 Minuten Grillen*

ZUBEREITUNG

Balsamico-Kräuter-Lammkotelett: Für die Marinade Rosmarinblättchen vom Zweig abstreifen, Knoblauch und Rosmarin fein hacken. Alle Marinadenzutaten in einer Schüssel vermengen. Mischung mit Salz und Pfeffer abschmecken. Lammkoteletts in eine flache Form legen, mit der Marinade bedecken und etwa 1 Stunde im Kühlschrank durchziehen lassen und dabei alle 10 Minuten wenden. Grill für direktes Grillen bei mittlerer Hitze vorbereiten und Rost gut mit einem in Pflanzenöl getränkten Küchentuch einölen. Koteletts ungefähr 2 bis 3 Minuten pro Seite grillen. Auf einer vorgewärmten Platte servieren.

Tipps: Eine gute Quelle für Lamm ist in der Regel ein türkischer Supermarkt oder Metzger. Auch Tiefkühlware aus Neuseeland ist nicht zu verachten. Diese sollte jedoch langsam im Kühlschrank und niemals mit Eile in der Mikrowelle auftauen. Als Beilage empfehlen sich der Auberginen-Auflauf (Seite 115), Bulgur-Salat (Seite 100), Tzaziki (Seite 63) oder frisches Brot.

Lammrippe mit Honig-Zitronen-Glasur: Knoblauch schälen und klein hacken, mit Butter, Honig, Zitronensaft, Rosmarin und Senfpulver in einem kleinen Topf erhitzen, nicht kochen. Während des Erhitzens häufig umrühren, damit die Zutaten sich gut mischen und der Honig nicht anbrennt. Lammrippen mit Mehl, Salz und Pfeffer leicht bestäuben und einreiben, dann etwa 5 Minuten von jeder Seite direkt angrillen. Die Ribs mit der Honig-Zitronen-Mischung von jeder Seite bestreichen und noch 20 Minuten indirekt grillen, dabei die Rippen häufig wenden und immer wieder mit Glasur bestreichen. Zum Servieren die Rippen so aus dem Strang schneiden, dass die Knochen Fleisch an beiden Seiten haben.

Tipp: Einen intensiveren Geschmack erzielen Sie, wenn Sie die Lammrippen in verschließbare Plastikbeutel legen, die Marinade hinzufügen, sanft durchkneten und für 6 Stunden in den Kühlschrank legen.

LAMMKEULE

Während normalerweise Fleisch nach dem scharfen Anbraten bei vergleichsweise hohen Temperaturen weitergart, wird beim Niedertemperaturgaren das Fleisch langsam auf die gewünschte Kerntemperatur gebracht. Dabei muss man präzise arbeiten. Den Garpunkt nicht zu treffen kann aber selbst Weltmeistern passieren: Bei der Schweizer Meisterschaft 2010 kostete die trockene Lammkeule die BBQ-Scouts alle Siegchancen. Machen Sie es besser: Ein Thermometer ist dafür Pflicht!

ZUBEREITUNG

1 Am Vortag Butter schmelzen und mit dem Rotwein vermischen, Mischung salzen und pfeffern. Marinade mit einer Marinadenspritze gleichmäßig ins Fleisch injizieren.

2 Knoblauch in Stifte schneiden. Rosmarinnadeln vom Zweig zupfen. Mit einem spitzen Messer gleichmäßig Löcher in die Lammkeule stechen, in die jeweils 1 Stift Knoblauch und 1 Rosmarinnadel gesteckt werden. Die Keule dünn mit Senf bestreichen und in ein Bratennetz füllen oder mit Bratenschnur eng binden. Mit Frischhaltefolie umwickeln, bis zum nächsten Tag im Kühlschrank lagern.

3 Am Grilltag Holzkohlebriketts entzünden und rechts und links im Grill verteilen, in die Mitte eine Tropfschale stellen. Keule aus dem Kühlschrank nehmen.

4 Die Lammkeule von allen Seiten kurz direkt angrillen, um eine schöne Kruste und ein paar Röstaromen zu erhalten. Dann die Lammkeule über die Tropfschale legen, Lüftungen des Grills so weit schließen, dass die Temperatur auf ungefähr 80 °C sinkt. Räucherholzspäne auf den Kohlen sorgen für den Rauchgeschmack.

5 Die Lammkeule mehrfach mit geschmolzener Butter bestreichen und bis zu einer Kerntemperatur von 61 °C (medium-well) grillen, dann in Alufolie wickeln. Anschließend noch ungefähr 40 Minuten bis zum Anschnitt ruhen lassen. Die Lammkeule längs an der Stelle, an der der Knochen saß, halbieren und quer zur Faser in 1 cm dicke Scheiben aufschneiden. Warm servieren.

TIPP

Die Lammkeule können Sie beim Metzger vorbestellen. Sie sollte etwa 2 Wochen gereift sein. Die Lammkeule kann mit Knochen oder entbeint zubereitet werden. Im Rezept wird von einer entbeinten Lammkeule ausgegangen. Haben Sie eine Keule mit Knochen, müssen Sie beachten, dass das Fleisch am Knochen langsamer gart als in der Umgebung. Messen Sie deshalb die Kerntemperatur in der Nähe des Knochens.

ZUTATEN *für 4 Portionen*

- *200 ml gutes Olivenöl*
- *1 Zweig Rosmarin*
- *2 Zweige Thymian*
- *2 Zweige Oregano*
- *4 Knoblauchzehen*
- *4 Lammlachsen (à circa 150 g)*
- *Salz, Pfeffer*
- *Sonstiges: Fleischthermometer*

ZEIT

10 Minuten Vorbereitung, 20 Minuten Grillen

Direktes Grillen

LAMMLACHSE SINDLINGER ART

Entwickelt von Grill-Weltmeister Alex Schwab aus Sindlingen, löst dieses Rezept ein altes Problem: Lammlachse übergaren schnell und werden trocken. Kurz direkt angegrillt und dann in einem Olivenölbad fertig gegart, gelingt das zarte Lammfleisch sehr saftig und nimmt dabei die Aromen des Öls auf. Ein weiterer Vorteil ist, dass kein Öl in die Glut tropfen kann, wie es bei mariniertem Fleisch oft unvermeidbar ist.

ZUBEREITUNG

1 Einen Kugelgrill oder Smoker für indirektes Grillen vorbereiten und auf eine mittlere Hitze von etwa 160 °C aufheizen.

2 Das Olivenöl in eine feuerfeste Schale füllen und die frischen Kräuter als ganze Zweige dazugeben. Knoblauch in feine Scheiben schneiden und ebenfalls in das Olivenöl geben. Die Schale neben der Glut platzieren und das Olivenöl darin erhitzen. Es sollte nicht über 65 °C heiß werden, da sich sonst die Aromen des Öls verflüchtigen.

3 Grillrost mit einem Stück in das Olivenöl getauchten Haushaltspapier leicht einölen. Nun die Lammlachse direkt auf 2 Seiten jeweils 1 Minute scharf angrillen, um ein schönes Branding und Röstaromen zu erzielen.

4 Danach erst werden die Fleischstücke großzügig gesalzen und gepfeffert und in das Olivenöl gelegt. Dort ziehen sie gar, bis sie eine Kerntemperatur von 56 °C erreicht haben. Das dauert etwa 10 Minuten, dann ist das Fleisch noch medium.

TIPPS

1 Diese Zubereitungsart eignet sich sehr gut für alle mageren Fleischstücke, bei denen normalerweise die Gefahr besteht, dass sie austrocknen. Auch Garnelen oder Fisch gelingen so wunderbar.

2 Passen Sie auf, wenn Sie das Fleisch lieber etwas weiter durch mögen: Steigt die Kerntemperatur über 63 °C, wird das Fleisch grau und ist nicht mehr so saftig.

3 Klassische Beilagen sind Bohnen und Kartoffeln, beispielsweise Bohnen mit Bacon-Mantel (siehe Seite 121) und Potato Wedges (siehe Seite 109). Unbedingt gehört jedoch Brot auf den Tisch, um das leckere Öl aufzustippen.

FRUCHTIGES SCHWEINEFILET

ZUTATEN *für 4 Portionen*

- *50 g Pflaumen, getrocknet*
- *50 g Aprikosen, getrocknet*
- *100 ml Fruchtsaft, Wein, Whiskey oder Rum (zum Einlegen der Trockenfrüchte)*
- *1 großes, nicht zu dünnes Schweinefilet (600–800 g)*
- *Salz, Pfeffer*
- *100 g Bacon*
- *Sonstiges: Bratenschnur*

ZEIT

Lange Marinierdauer!
20 Minuten Vorbereitung,
40 bis 50 Minuten Grillen;
Marinierzeit der Früchte:
einige Stunden

Zartes Schweinefilet und Früchte geben ein wunderbares Paar ab – wenn man den Rollbraten nicht übergart. Der Bacon und das Einlegen der Trockenfrüchte bringen bei diesem Rezept deshalb zusätzliche Saftigkeit und noch mehr Geschmack. Die lange Marinierzeit der Früchte ist für die Entfaltung aller Aromen entscheidend.

ZUBEREITUNG

1 Einige Stunden vor der Zubereitung des Filets Trockenfrüchte einlegen.

2 Filet unter fließendem Wasser abspülen und trocken tupfen. Dann vorsichtig mit einem scharfen Messer der Länge nach fast ganz durchschneiden, danach vom Schnitt aus etwas nach links und rechts schneiden, um das Filet wie ein Buch zu öffnen.

3 Filet aufklappen und mittig eine Linie der eingelegten Früchte auslegen, mit etwas Salz und Pfeffer würzen, wieder zuklappen und dabei zu einer Rolle formen.

4 Den Bacon Scheibe für Scheibe, die langen Seiten leicht überlappend, nebeneinander auslegen, bis die Breite des Filets erreicht ist. Das Filet auf den Bacon legen und vorsichtig in den Bacon einrollen, mit Bratenschnur fixieren.

5 Das Filet auf dem Grill bei indirekter Hitze von 140 bis 150 °C circa 40 Minuten garen. Vor dem Anschnitt das Filet noch etwa 5 bis 10 Minuten abgedeckt ruhen lassen.

SCHWEINEFILET-APFEL-SPIESSE

ZUTATEN *für 4 Portionen*
- *750 g Schweinefilet*
- *3 Äpfel (mittelgroß, süß-sauer, z. B. Cox-Orange oder Elstar)*
- *1 EL Zitronensaft*
- *3 unbehandelte Zitronen*
- *3 TL Dijonsenf*
- *3 TL körniger Senf*
- *3 EL Orangensaft*
- *3 EL Olivenöl*
- *Sonstiges: 6 Schaschlik-spieße*

Senfsauce
- *4 TL Dijonsenf*
- *1½ TL körniger Senf (nach Belieben mild oder scharf)*
- *150 ml Sahne*

ZEIT
*20 Minuten Vorbereitung,
15 Minuten Grillen*

Schweinefleisch, besonders das feine Filet, lässt sich mit vielfältigen Aromen kombinieren. Ob scharf, süß oder sauer – alles ist möglich. Und auch alles gleichzeitig wie in dieser Variation mit Zitronen, Äpfeln und Senf.

ZUBEREITUNG

1 Holzspieße wässern, Schweinefilet in circa 5 cm x 2,5 cm große Stücke schneiden.

2 Für die Senfsauce Dijon- und groben Senf in einer kleinen Schüssel vermischen und danach langsam Sahne unterrühren, beiseitestellen.

3 Äpfel schälen, Kerngehäuse entfernen und in je acht Spalten schneiden. Mit Zitronensaft beträufeln, damit der Apfel nicht braun wird.

4 Zitronen in so dünne Scheiben schneiden, dass sie sich um die Fleischwürfel wickeln lassen. Dann stückweise das Schweinefilet in Zitronenscheiben hüllen und abwechselnd mit den Apfelspalten auf die gewässerten Spieße stecken.

5 In einer kleinen Schüssel Senf, Orangensaft und Öl vermischen. Spieße mit der Mixtur bepinseln, bei mittlerer bis hoher Hitze 10 bis 15 Minuten grillen, mehrfach wenden und mit der Marinade bestreichen. Spieße mit der Senfsauce servieren.

Fleisch vom Rost

SCHWEINELACHSE LOW AND SLOW

Damit der Schweinelachs, das magere Stück aus dem Schweinerücken, beim Grillen nicht trocken wird, grillt man es lange, indirekt und bei niedrigen Temperaturen – low and slow. Dann bleibt das Fleisch herzhaft saftig. Die Glasur tariert Süße und Schärfe fein aus, Farbe und Rauchgeschmack liefert das Pimentón de la Vera, während das Baharati eine orientalische Note beisteuert.

ZUTATEN *für 4 Portionen*
- *1 kg Schweinelachse am Stück*
- *1 TL Pfefferkörner (am besten Tellicherry)*
- *½ TL Kreuzkümmel (Kumin)*
- *2 TL Pimentón de la Vera*
- *1 TL Texas-Rub (Seite 51)*
- *1 TL Baharati*
- *½ TL Salz*
- *1 EL Ahornsirup*
- *1 EL Zuckerrübensirup*
- *Sonstiges: Fleischthermometer*

ZEIT

Am Vortag beginnen!
15 Minuten Vorbereitung, 2½ Stunden Grillen; Marinierzeit: mindestens 12 Stunden

ZUBEREITUNG

1 Am Vortag die Schweinelachse parieren, also von Fett und Silberhaut befreien.
2 Für die Würzmischung Pfefferkörner und Cumin in einem Mörser fein zerstoßen und in eine kleine Schüssel geben. Pimentón, Texas Rub, Baharati, Salz, Ahornsirup und Zuckerrübensirup zugeben und gut durchmengen.
3 Die Schweinelachse mit der Paste bestreichen und mit den Händen rundum gut einmassieren. Abgedeckt über Nacht im Kühlschrank ziehen lassen.
4 Am nächsten Tag die Lachse etwa 1 Stunde vor Grillbeginn aus dem Kühlschrank nehmen. Den Grill zum indirekten Grillen vorbereiten und auf eine niedrige Temperatur von etwa 120 °C vorwärmen.
5 Lachse auf den Rost legen und bei geschlossenem Deckel bis zu einer Kerntemperatur von 60 °C grillen. Das dauert etwa 2½ Stunden, maßgeblich ist aber die Kerntemperatur. Nach Erreichen der Kerntemperatur wird der Braten in sehr dünne Scheiben aufgeschnitten und serviert.

TIPPS

1 Die Bratenscheiben schmecken sehr gut auf Brötchen mit ein paar angedünsteten Zwiebeln oder auf einem Teller angerichtet mit Nudel- oder Kartoffelsalat.
2 Pimentón de la Vera ist ein spanisches Paprikapulver aus geräucherten Paprika und in jedem Gewürzladen erhältlich. Die Baharati-Gewürzmischung dagegen hat ihre Wurzeln im Orient. Man bekommt es im türkischen Lebensmittelhandel und inzwischen auch in vielen Supermärkten.

Fleisch vom Rost

WILDE STEAKS AUF SPARGELFLÖSSEN

ZUTATEN *für 4 Portionen*
- *1 kg grüner Spargel*
- *2 große rote Zwiebeln*
- *4 Steaks aus dem Rehrücken (à 200 g, ersatzweise aus der Hirschkeule)*
- *Sonstiges: 10 Holzspieße (12 cm lang)*

Marinade
- *½ Knoblauchzehe*
- *6 EL Balsamico-Essig*
- *2 EL Kürbiskernöl*
- *2 TL Dijonsenf*
- *1 EL Gelee von schwarzen Johannisbeeren*

Gewürzmischung
- *2 getrocknete Lorbeerblätter*
- *1 TL schwarze Pfefferkörner*
- *4 Wacholderbeeren*
- *2 Pimentkörner*
- *Fleur de Sel*

ZEIT
30 Minuten Vorbereitung, 10 Minuten Grillen

Wildgerichte kennen wir vor allem aus dem Schmortopf. Doch gerade das magere Fleisch aus Filet, Rücken oder Keule eignet sich hervorragend für das direkte Grillen. Obendrein ist Wildfleisch besonders vitaminreich und passt in der Kombination mit frischem Spargel auch wunderbar in die leichte Küche. Wer saisonal kochen will, liegt bei diesem Gericht im Frühjahr richtig: Für einen kurzen Moment überschneiden sich Wild- und Spargelsaison.

ZUBEREITUNG

1 Holzspieße ungefähr 10 Minuten wässern. Die unteren Enden des Spargels abschneiden und eventuell weitere holzige Stellen entfernen. Jeweils sechs oder sieben Spargelstangen auf zwei Spieße stecken, so dass zum Schluss vier Spargelflöße entstehen. Aus den Zwiebeln etwa 1,5 cm dicke Scheiben schneiden und diese quer auf die zwei verbleibenden Spieße stecken. Die Steaks, wenn nötig, von Sehnen und Häutchen befreien.

2 Die Spargelflöße 4 bis 6 Minuten direkt über der Glut bei mittlerer Hitze grillen, ungefähr 1 Minute nach den Spargelflößen auch die Zwiebelspieße auf den Grill legen. Alle Spieße mehrfach wenden.

3 Währenddessen den Knoblauch in eine Schale pressen, die groß genug für die 4 Spargelflöße ist, die Marinade-Zutaten dazugeben, mischen und die Schale ungefähr 2 Minuten auf dem Grill erwärmen, bis sich die Zutaten verbunden haben.

4 Spargelflöße und Zwiebelspieße gleichzeitig vom Grill nehmen und in die Schale mit der warmen Balsamico-Marinade geben. Das Gemüse darin wenden und weitere 10 Minuten in einer Schale auf einer nicht zu heißen Zone des Grills ziehen lassen. In der Zwischenzeit die Steaks direkt auf den heißen Rost legen und über der Glut bis zum gewünschten Gargrad grillen – medium sind 3 cm dicke Steaks nach ungefähr 4 Minuten je Seite (Kerntemperatur: 57 °C).

5 Für die Gewürzmischung alle Zutaten in einen Mörser geben und zerstampfen. Fleisch vom Grill nehmen, mit der Gewürzmischung bestreuen und in Alufolie einige Minuten ruhen lassen. Zum Anrichten die Flöße aus der Marinade nehmen, abtropfen lassen und auf einen Teller legen. Zwiebelscheiben vom Spieß nehmen und auf den Spargel geben. Steaks auf das Gemüse legen und sofort servieren.

DICKE STEAKS!

Steaks sollten nicht zu dünn sein, da es bei dünnen Steaks fast unmöglich ist, eine schöne Kruste hinzubekommen und sie gleichzeitig saftig und medium zu garen.

Ich empfehle Ihnen Steaks von mindestens zwei bis drei Zentimetern Dicke. Persönlich grille ich sogar lieber Steaks von vier bis fünf Zentimetern und schneide diese dann nach dem Garen dünn auf, um sie den Gästen in Scheiben zu servieren.

RINDERSTEAK MIT MEERESFRÜCHTEN

Surf 'n' Turf einmal anders, für alle, die keinen Hummer mögen: Der leicht süßliche Geschmack der Jakobsmuscheln und der Garnelen harmoniert raffiniert mit der herzhaften Note des Rindfleisches. Die anspruchsvollen Texturen vollenden sich durch die Beigabe eines Würzöls oder einer Würzsauce. Ein frühsommerabendliches Grill-Vergnügen.

ZUTATEN *für 4 Portionen*

- *4 Steaks (à 150 g aus der Rinderhüfte, etwa 2,5 cm dick)*
- *2 EL Olivenöl*
- *4 Jakobsmuscheln (ohne Corail, dem Rogensack)*
- *4 Tiefseegarnelen*
- *Fleur de Sel*
- *schwarzer Pfeffer, frisch gemahlen*
- *4 EL Chimichurri (siehe Seite 59)*

ZEIT

10 Minuten Vorbereitung, 10 Minuten Grillen

ZUBEREITUNG

1 Die Steaks wenn nötig von Sehnen und Fett befreien und leicht einölen, ebenso die Muscheln und die geputzten Garnelen.

2 Zuerst die Steaks auf den Grill legen und von jeder Seite 3 bis 4 Minuten grillen – dann wenden, wenn Fleischsaft auszutreten beginnt. Steaks danach in einer abgedeckten Schale oder in Alufolie ungefähr 5 Minuten ruhen lassen.

3 Währenddessen die Muscheln und Garnelen etwa 2 Minuten von jeder Seite grillen. Am Schluss sollten Muscheln und Garnelen innen noch etwas glasig sein.

4 Die Steaks aus der Folie oder Schale nehmen und nur mit Salz und Pfeffer würzen. Auf Tellern anrichten. Auf jedes Steak eine Garnele geben und obenauf eine Jakobsmuschel setzen, auch diese nur leicht salzen. Das Chimichurri darüber und daneben verteilen.

HACKFLEISCH UND WURST

Unumstritten eine Kernkompetenz des Grills: Hackfleisch! Es lässt sich gut würzen, als Füllung verwenden, in Form bringen. Ob als Burger, als Moink-Ball oder in der eigenen Bratwurst: Mit Hackfleisch können Sie Ihrer Kreativität freien Lauf lassen. Unsere Rezepte und Tipps in diesem Kapitel sind aber eine gute Basis.

DIE BESTEN BRATWÜRSTE DER WELT …

… sind die selbst gemachten. Wurst selbermachen klingt schwerer als es ist und macht richtig viel Spaß. Weil man das Ergebnis selbst bestimmt, weiß was drin ist. Diese Wurstrezepte wurden von Uwe Wipfler erprobt und immer wieder vom Team getestet, bis sie so weit waren, auf den Meisterschaften vorgestellt zu werden. Nehmen Sie unsere Vorschläge als Ausgangspunkt für eigene Experimente. Also, los geht's!

Die 8 goldenen Wurstmacher-Tipps

1 Aufgrund des Aufwands sollten Sie gleich eine größere Menge auf Vorrat herstellen.

2 Wurstfüller für den Hausgebrauch sind im Handel ab 50 Euro erhältlich, auch als Aufsatz für den Fleischwolf. Wenn Sie das Selbermachen der Bratwurst nur mal ausprobieren möchten, können Sie auch eine im Baumarkt erhältliche Silikonspritze verwenden. Das ist zwar etwas aufwendiger, funktioniert aber genauso.

3 Wurstdärme gibt es in verschiedenen Größen. Meist kommen sie vom Schaf oder Schwein und unterscheiden sich im Durchmesser. Die kleinste Größe für Bratwurst ist 18/20, das heißt, der Durchmesser beträgt zwischen 18 und 20 mm, die Größe von Nürnberger Würstchen. Die Obergrenze für Bratwürste ist 26/28. Sie sind beim Metzger oder im Metzgerei-Fachhandel erhältlich. Die Standardlänge beträgt 90 m.

4 Gewürze werden immer getrocknet verwendet, mit Ausnahme von Knoblauch. Für Bratwurst gern verwendete Gewürze sind zum Beispiel Pfeffer, Paprikapulver, Chilipulver, Koriander, Muskatnuss, Muskatblüte (Macis), Majoran, Oregano und Thymian.

5 Zum Wolfen von Fleisch sollte ein scharfes, am besten frisch geschliffenes Kreuzmesser (Standardmesser eines Fleischwolfs) verwendet werden, da sonst das Fleisch mehr gequetscht als geschnitten wird. Bevor Sie das Fleisch in den Wolf einfüllen, sollten Sie es in etwa 2 bis 3 cm große Würfel schneiden und für 1 bis 2 Stunden anfrieren.

6 Luftblasen im Darm können entfernt werden, indem die Wurst mit einer dünnen Nadel vorsichtig angestochen und die Luft herausgedrückt wird.

7 Die Wurst kann bei der Herstellung zwecks besserer Haltbarkeit kurz gebrüht werden (8 Minuten bei 80 °C Wassertemperatur), schmeckt aber ungebrüht besser.

8 Bratwürste können kalt geräuchert und getrocknet werden. Dann sollte jedoch das Salz durch Nitritpökelsalz ersetzt werden. Kalträuchern ist nur zu empfehlen, wenn die Außentemperaturen unter 20 °C liegen.

KRABBENBRATWURST

ZUTATEN *für 16 Portionen*

- *800 g Schweinenacken*
- *400 g Rückenspeck vom Schwein*
- *800 g Nordseekrabben, gefroren*
- *200 g Zwiebeln*
- *80 g Koriandergrün*
- *175 g geröstete Erdnüsse (ungesalzen)*
- *100 g rote Currypaste*
- *30 g Salz*
- *150 ml Kokosmilch*
- *Naturdarm (18–20 mm Durchmesser)*
- *Sonstiges: Fleischwolf; Wurstfüller (siehe Tipps links)*

ZEIT

90–120 Minuten Vorbereitung, 15 Minuten Grillen

Eine ungewöhnliche Kombination aus Schweinefleisch und Meeresfrüchten mit asiatischem Anklang – und das in einer Bratwurst. 99 % der Menschen, die diese Wurst nicht kennen, behaupten, so etwas könne nicht schmecken. 100 % der Leute, die sie probiert haben, ziehen allerdings ein geschmacklich hervorragendes Fazit. Die Siegerwurst der Deutschen Grillmeisterschaft von 2007 – oft kopiert, aber nie erreicht.

ZUBEREITUNG

1 Schweinenacken und Rückenspeck grob würfeln und zusammen mit den gefrorenen Krabben durch den Fleischwolf drehen (5-mm-Scheibe).

2 Zwiebeln und Koriandergrün fein, Erdnüsse grob hacken und zur Hackfleischmasse geben. Ebenso rote Currypaste, Salz und Kokosmilch hinzufügen. Die Wurstmasse mit den Händen verkneten, bis alle Zutaten gleichmäßig verteilt sind. Anschließend verfahren wie bei der Winzerbratwurst oben beschrieben.

3 Diese asiatisch angehauchte Wurst serviert man am besten mit einem halbierten Naan-Brot (Seite 72).

WINZERBRATWURST

Die Winzerbratwurst ist eine klassische Bauernbratwurst, die einen guten Ausgangspunkt für eigene Experimente bildet. Sie ist einfach und schnell herzustellen und schmeckt am besten frisch gegrillt mit etwas Senf auf einem rustikalen Bauernbrot.

ZUTATEN *für 16 Portionen*

- *1,5 kg Schweinefleisch (Fleischabschnitte)*
- *500 g Rückenspeck vom Schwein*
- *je 10 g Knoblauch (2 Zehen), gemahlener schwarzer Pfeffer, Rosenpaprika, gemahlener Koriander, getrockneter Majoran*
- *1 TL Traubenzucker*
- *40 g Salz*
- *Naturdarm (22–24 mm Durchmesser)*

ZEIT

90 bis 120 Minuten Vorbereitung, 15 Minuten Grillen

ZUBEREITUNG

1 Das Fleisch und den Speck in 3 cm große Würfel schneiden und 2 Stunden anfrieren. Angefrorenes Fleisch und Speck durch den Fleischwolf drehen. Die Verwendung der 3-mm-Scheibe gibt eine feinere, die 5-mm-Scheibe eine gröbere Bratwurst.

2 Knoblauch mit dem Messer sehr fein hacken, dann mit dem Messerrücken in einer Schale oder im Mörser zerquetschen, bis der Knoblauch breiig ist. Die Gewürze hinzufügen und in eine Schüssel zur Wurstmasse geben, mit den Händen gut vermengen.

3 Därme mit lauwarmem Wasser innen und außen waschen. Am einfachsten geht das, wenn man das Darmende unter fließendes Wasser hält. Darm auf den Wurstfüller ziehen, Wurstmasse zugeben und mit leichtem Druck in die Därme pressen. Die Därme sollten ohne Luftblasen gefüllt sein.

4 Würste mit den Fingern auf die gewünschte Länge abdrücken und mit 2 bis 3 Umdrehungen fixieren.

5 Grill mit Holzkohle vorheizen und die Würste direkt grillen, bis sie knusprig braun sind. Mit Brot oder Brötchen servieren.

MEAT LOAF

Der Meat Loaf – der Fleischklops – ist ein Hackbraten. Doch sollten Sie lediglich mit der deutschen Variante vertraut sein, hält dieses Rezept eine Überraschung für Sie parat: Mit Paprika und Jalapeño-Chili geht es deutlich schärfer zur Sache.

ZUTATEN *für 8 Portionen*

- *1 Zwiebel*
- *3 Knoblauchzehen*
- *1 grüne Paprikaschote*
- *1 Jalapeño*
- *300 g Semmelbrösel*
- *1,5 kg Rinderhackfleisch*
- *3 Eier*
- *100 ml Milch*
- *2 EL Salz*
- *2 EL gemahlener schwarzer Pfeffer*
- *2 EL Paprikapulver, edelsüß*
- *1 EL brauner Zucker*
- *200 ml Tomatenketchup*
- *Sonstiges: Buchenholzspäne*

ZEIT

15 Minuten Vorbereitung, 3 Stunden Grillen

ZUBEREITUNG

1 Zwiebel und Knoblauch schälen, Paprika und Jalapeño waschen, jeweils den Strunk entfernen und alles klein hacken.

2 Das klein gehackte Gemüse und die Semmelbrösel mit dem Hackfleisch vermengen. Die restlichen Zutaten mit Ausnahme des Ketchups hinzugeben, zu einer homogenen Masse verarbeiten und mit den Händen einen Laib formen.

3 Den Meat Loaf auf den Rost neben die Glut legen und indirekt circa 2½ Stunden bei niedriger Hitze von 120 °C grillen. Dabei immer wieder etwas Buchenholz für das Raucharoma auf die Glut legen.

4 Meat Loaf mit Ketchup einpinseln und weitere 30 Minuten grillen, bis der Zucker im Ketchup karamellisiert und eine Kerntemperatur von circa 70 °C erreicht ist.

5 Hackbraten anschließend noch etwa 5 Minuten ruhen lassen, dann in Scheiben aufschneiden und portionsweise servieren.

TIPP

Dem eigenen Einfallreichtum sind hier keine Grenzen gesetzt. Man kann den gegrillten Hackbraten fast allen Geschmacksrichtungen anpassen – ob mit getrockneten Tomaten, Feta, Zucchini, Auberginen, Mais, Kidneybohnen, Oliven oder was sich sonst noch findet.

MOINK-BALLS ETC.

ZUTATEN *für 4 Portionen*

Moink Balls
- *500 g Rinderhackfleisch*
- *2 EL Moink-BBQ-Rub (siehe Seite 51)*
- *12 Scheiben Bacon*
- *150 ml Cola-Whiskey-Sauce (Seite 52)*
- *Sonstiges: Zahnstocher*

Gegrillte Geflügel-bällchen
- *1 Zwiebel*
- *1 TL geriebener Ingwer*
- *500 Geflügelhackfleisch*
- *1 EL Butter*
- *3 EL Semmelbrösel*
- *1 Ei*
- *½ TL Paprikapulver, scharf*
- *1 TL Kurkuma*
- *je 1 TL Salz, Pfeffer*
- *Sonstiges: 4 Holzspieße*

ZEIT
- *Moink-Balls: 20 Minuten Vorbereitung, 35 Minuten Grillen*
- *Geflügelbällchen: 15 Minuten Vorbereitung, 10 Minuten Grillen*

Moink-Balls sind eine amerikanische Fingerfood-Spezialität: würzige Frikadellen aus Rinderhackfleisch, die mit Bacon umwickelt, indirekt gegrillt und kurz vor Ende der Garzeit mit Barbecue-Sauce eingepinselt werden. Die Herkunft des Namens „Moink" ist simpel – das „M" kommt vom „Muuh!" des Rinds und das „oink" vom Grunzen des Schweins, welches den Bacon liefert. Grill-Weltmeister Marco „Don Marco" Greulich ist offizieller in den USA zertifizierter „Moinkballer" und damit der unumstrittene Spezialist der BBQ-Scouts für diesen Klassiker.

ZUBEREITUNG

Moink-Balls: Hackfleisch mit dem Rub verkneten, in 12 Teile portionieren und anschließend zwischen den Händen zu festen Bällchen rollen. Um jeden Ball eine Scheibe Bacon wickeln und mit einem Zahnstocher fixieren. Die Moink-Balls indirekt bei mittlerer Hitze von etwa 150 °C grillen, bis sie gar sind und der Bacon kross wird – das dauert etwa 30 Minuten. Dann jeden Ball mithilfe eines Backpinsels mit der Cola-Whiskey-Sauce bestreichen und auf dem Grill bei geschlossenem Deckel etwas einziehen lassen. Die Moink-Balls mit der übrigen Sauce servieren.

Tipps: Für ein richtiges BBQ-Aroma werfen Sie ein paar Räucherchips in die Glut. Alternativ kann man die Bällchen auch aus Schweine- oder Putenfleisch oder einem Gemisch herstellen. Probieren Sie die Bällchen auch mit einer Füllung aus Käse, Paprika, Oliven oder anderen Zutaten.

Gegrillte Geflügelbällchen: Holzspieße ungefähr 10 Minuten wässern. Zwiebel schälen und sehr fein würfeln, frischen Ingwer fein reiben. Beides in einer Schüssel mit dem Geflügelhack und den übrigen Zutaten vermengen, würzen. Mit feuchten Händen gleich große Bällchen (Durchmesser 2,5 cm) formen und jeweils 4 Stück auf einen Spieß stecken. Spieße etwa 10 Minuten direkt grillen, immer wieder wenden, bis die Bällchen eine knusprige Oberfläche haben.

Tipps: Tauschen Sie Geflügel- gegen Lammhack und Ingwer gegen die gleiche Menge Knoblauch – Sie erhalten eine orientalische Geschmacksvariante. Die Zwiebelstücke erhalten einen feineren Geschmack, wenn man sie vor dem Mischen mit dem Hackfleisch kurz anbrät.

BACON CHEESEBURGER

ZUTATEN *für 4 Portionen*
- *6 EL Tomatenketchup*
- *3 EL scharfer Senf*
- *2 EL Salatmayonnaise*
- *4 grüne Salatblätter*
- *2 Tomaten*
- *2 Zwiebeln*
- *¼ Bund frische Petersilie*
- *2 Knoblauchzehen*
- *600 g Rinderhackfleisch (30 % Fettanteil)*
- *2 EL Worcestersauce*
- *1 TL Salz*
- *½ TL schwarzer Pfeffer, frisch gemahlen*
- *4 Scheiben Bacon (Früh-stücksspeck)*
- *4 Scheiben Cheddar*
- *4 runde Brötchen (Sem-meln)*

ZEIT

*30 Minuten Vorbereitung,
15 Minuten Grillen*

Hamburger, der Inbegriff für Fastfood, kommt selbst gemacht einer Delikatesse gleich. In Hamburg nach dem Ursprung des Burgers gesucht, erzählt man sich, Seeleute aus dem Baltikum hätten seit jeher die Sitte gehabt, gewürztes Fleisch roh zu verzehren. Das war nicht jedermanns Sache, und so briet man das Fleisch in Fett an und stellte fest: Es schmeckte besser. Einwanderer aus Hamburg sollen das Gericht dann im 19. Jahrhundert in den USA eingeführt haben.

ZUBEREITUNG

1 Tomatenketchup, Senf und Mayonnaise in einer kleinen Schale zu einem Dressing rühren. Salatblätter und Tomaten waschen, trocken tupfen. Zwiebeln schälen und wie Tomaten in je 4 Scheiben schneiden. Brötchen aufschneiden und alles beiseitestellen.
2 Petersilie waschen und mit dem Knoblauch fein hacken und in eine Schüssel geben. Rinderhackfleisch, Worcestersauce, Salz und Pfeffer hinzufügen, gut mischen.
3 Aus der Masse 4 Hamburger à 150 g und mit 12 cm Durchmesser formen. Bacon grillen, bis er knusprig wird, und auf ein Küchentuch ablegen, damit das Fett abtropfen kann. Burger von jeder Seite circa 5 Minuten direkt grillen. Danach salzen und pfeffern, mit Käse belegen. Nochmals 3 Minuten indirekt grillen, bis der Käse verläuft.
4 Die unteren Brötchenhälften mit 1 EL Dressing bestreichen, je 1 Salatblatt, Tomatenscheibe und Burger auflegen. Darüber Bacon und Zwiebeln schichten. Nach Belieben Dressing hinzufügen, obere Brötchenhälfte auflegen und servieren.

LAMM-KÖFTE

ZUTATEN *für 6 Portionen*

- *4 Scheiben Toastbrot, alt-backenes Weißbrot oder 1 Brötchen*
- *1 Zwiebel*
- *2 Knoblauchzehen*
- *1 Bund glatte Petersilie*
- *500 g Lammhackfleisch*
- *2 Eier*
- *1 TL Sumak (Gewürzpulver, erhältlich in türkischen Geschäften)*
- *2 TL Paprikapulver, scharf*
- *½ TL Kreuzkümmel (Kumin), gemahlen*
- *½ TL Piment, gemahlen*
- *1 TL Salz*
- *½ TL Pfeffer, gemahlen*
- *Sonstiges: 6 breite Holzspieße (30 cm lang)*

ZEIT

15 Minuten Vorbereitung, 15 Minuten Grillen

Ein Klassiker der orientalischen Küche sind Köfte. Auf dem Balkan sind diese gebratenen oder gegrillten Hackfleischbällchen oder -röllchen als Cevapcici bekannt. Unser Rezept für dieses Leibgericht der Türken, das man an der Köfte-Bude nebenan genauso wie im etablierten Restaurant findet, folgt einem ganz traditionellen Rezept. Wir behaupten, es ist das beste – aber da jede türkische Familie ihre eigene Rezeptur hat, sollten auch Sie ein wenig experimentieren.

ZUBEREITUNG

1 Die Holzspieße ungefähr 30 Minuten in Wasser einweichen, damit sie auf dem Grill nicht anbrennen.

2 Obere und untere Krusten vom Toastbrot abschneiden und das Brot in einer Schale mit Wasser 10 Minuten einweichen. Anschließend Wasser mit den Händen aus dem Teig herauspressen und das ausgedrückte Brot zur Seite legen.

3 Zwiebeln und Knoblauch schälen, halbieren und die Hälften dann in feine Würfel schneiden. Die Petersilie fein schneiden.

4 Hackfleisch mit Zwiebel, Knoblauch, eingeweichtem Brot und Petersilie in eine große Schüssel geben. Die beiden Eier aufschlagen und mit in die Schüssel geben, Sumak, Paprika, Cumin, Piment, Salz und Pfeffer hinzufügen und alles miteinander vermischen. Das geht am besten mit den bloßen Händen.

5 Holzspieße aus dem Wasser nehmen und die Hackmasse als Rolle so um die Spieße kneten, dass circa die Hälfte der Spieße mit einer Hackfleischschicht bedeckt ist. Die Köfte ungefähr 15 Minuten direkt grillen. Einzeln auf einem Teller anrichten.

TIPPS

1 Sehr gut passen zu den Köfte türkisches Fladenbrot, kurz auf dem Grill angebräunt, und die türkischen Gemüsespieße (Seite 124). Man kann Köfte auch ohne Spieß als flache Scheiben grillen. Legt man auf jedes Köfte eine Scheibe Schmelzkäse, so grillt man „Kasarlı Köfte". Die Türken essen auch gern „gebratenen Reis" zum Köfte: Hierzu Butter in einem Topf erhitzen, den rohen Reis hinzugeben, anbraten, mit Salz würzen und dann Wasser angießen, bis es aufgesogen ist.

2 Wem das reine Lammfleisch zu orientalisch schmeckt, der kann ebenso gut halb Rind und halb Lammhack verwenden.

RICHTIG WOLFEN

Ich mache mein Hackfleisch immer selbst, so kann ich durch die Fleischauswahl den Fettanteil der Mischung steuern, und ob diese fein oder grob wird, bestimme allein ich.

Ich benutze einen Elektrowolf, es gibt aber auch Aufsätze für die Küchenmaschine. Hauptsache, der Motor hat genug Power und die Scheiben sind scharf.

Zum Wolfen schneide ich Fleisch und Fett in Würfel und friere es leicht an. So wird es im Wolf nicht warm und geht auch besser durch die Maschine.

HACKFLEISCHROLLE

ZUTATEN *für 4 Portionen*
- *200 g Bärlauch*
- *1 Zwiebel*
- *1 Knoblauchzehe*
- *1 EL Tomatenmark*
- *1 TL Olivenöl*
- *500 g gemischtes Hackfleisch (60 % Schwein, 40 % Rind)*
- *Salz, Pfeffer*
- *Paprikapulver*
- *2 EL geriebener Käse (Gouda o. Ä.)*

ZEIT

30 Minuten Vorbereitung, 45 Minuten Grillen

Unser Meat Loaf (Seite 191) macht dem gutbürgerlichen Hackbraten ganz schön Feuer unter dem Hintern, aber es gibt noch eine andere Möglichkeit, das Hack-Einerlei aufzupeppen: Wir haben das Hackfleisch einfach mal nicht zum Laib geformt, sondern als Rolle gebraten. Das Ergebnis kann sich sehen lassen: Geschmolzener Käse und frischer Bärlauch sorgen nicht nur für Geschmack, sondern auch für einen beeindruckenden Auftritt auf dem Teller.

ZUBEREITUNG

1 Bärlauchblätter vom Stiel zupfen, waschen und trocken tupfen.

2 Zwiebel und Knoblauch fein hacken, mit Tomatenmark in einer Pfanne kurz mit Olivenöl anrösten. Hackfleisch mit der angebratenen Mischung in eine Schüssel geben und mit Salz, Pfeffer und Paprikapulver abschmecken.

3 Klarsichtfolie auslegen und die Hackmasse etwa 1 cm dick darauf verteilen, zum Beispiel mit einer langen, breiten Messerklinge. Käse reiben, auf die Masse streuen und die Bärlauchblätter obenauf legen. Folie vorsichtig anheben und das Hackfleisch vom Körper weg nach vorne rollen. Folie entfernen und die Rolle mit den Händen etwas nachformen.

4 Die Rolle auf den Grill legen und ungefähr 45 Minuten indirekt bei rund 160 °C grillen. Sie ist fertig, wenn das Fleisch außen knusprig ist – aufgeschnitten servieren.

BLÄTTERTEIGPIZZA MIT HACKFLEISCH

ZUTATEN *für 4 Portionen*

- 3 Frühlingszwiebeln
- 5 eingelegte mittelscharfe Peperoni
- 50 g grüne Oliven
- 6 getrocknete Tomaten
- 1 Schalotte
- 1 Knoblauchzehe
- 1 EL Olivenöl
- 250 g Rinderhackfleisch
- ½ TL Salz
- ½ TL Pfeffer
- 1 TL Paprikapulver, scharf
- 100 g Blauschimmelkäse
- 1 EL glatte Petersilie, gehackt
- 1 Rolle Blätterteig (aus dem Kühlregal)
- 4 EL Barbecue- oder Tomatensauce, Seiten 52 und 75
- 100 g Emmentaler, gerieben

ZEIT

15 Minuten Vorbereitung, 20 Minuten Grillen

Diese einfache Pizzavariante auf Blätterteigbasis ergibt in kleine Stücke geschnitten eine pikante Vorspeise oder mit einem leichtem Glas Weißwein auch mal einen schnellen Snack an einem lauen Sommerabend.

ZUBEREITUNG

1 Den Grill auf eine hohe Hitze von etwa 200 °C vorheizen, dabei die Kohlen zum indirekten Grillen rechts und links verteilen. Frühlingszwiebeln waschen und zusammen mit Peperoni, Oliven und Tomaten in feine Streifen schneiden. Schalotte waschen, Knoblauchzehe schälen und beides fein hacken.

2 Olivenöl in eine heiße Pfanne auf dem Herd geben und alles darin andünsten, bis die Zwiebeln glasig werden. Aus der Pfanne nehmen und beiseitestellen.

3 Danach Rinderhack in der Pfanne leicht anbraten, mit Salz, Pfeffer und Paprikapulver würzen. Den Blauschimmelkäse in kleinen Stücken mit in die Pfanne geben und schmelzen lassen. Pfanne von der Platte nehmen, das angedünstete Gemüse und die gehackte Petersilie hinzugeben und alles gut durchmengen.

4 Den Blätterteig auf einem Stück Backpapier ausrollen. Mit der Tomatensauce bestreichen, dann den geriebenen Emmentaler und zum Schluss die Hackfleischmischung darauf verteilen.

5 Die Blätterteigpizza mit dem Backpapier auf den Grill legen und etwa 20 Minuten garen, nach 15 Minuten leicht anheben und Boden kontrollieren: ist er goldbraun, ist die Pizza fertig. In handgerechte Stücke schneiden und servieren.

TIPPS

1 Der Blätterteigboden gart gleichmäßiger auf einem Pizzastein, der aber im heißen Grill zunächst etwa 30 Minuten vorgewärmt werden muss (siehe Tipp Seite 68).

2 Wenn Sie keinen gerollten Blätterteig finden, können Sie auch tiefgekühlte Blätterteigplatten nehmen. Dann je nach Größe 4 bis 6 Blätterteigplatten leicht überlappend auslegen, etwas antauen lassen und an den Überlappungen festdrücken.

GUT GEGRILLTES GEFLÜGEL

Viele Länder, in denen gegrillte Speisen bis heute im Mittelpunkt eines Festmahls stehen, zum Beispiel im Orient, lieben Geflügel. Wir haben uns aber von der amerikanischen und italienischen Küche inspirieren lassen. Chicken-Lollies, unter einem Ziegelstein gegrillte Hähnchenbrust und Beer-Can-Chicken machen ordentlich was her – auf dem Grill und auf dem Teller.

PUTE: SCHARF & GEROLLT

ZUTATEN *für 4 Portionen*

Pute all'arrabiata

- ½ kleine Zwiebel
- 1 Knoblauchzehe
- 2 kleine Chilischoten, mittelscharf (z. B. Piri-Piri)
- ½ Honig
- ½ Senf (nach Belieben)
- Gewürze (nach Belieben)
- 100 g Tomatenmark
- 800 g Putenbrustfilet
- 120 g Parmesan
- 20 ml Sojasauce
- ½ TL Pfeffer, frisch gemahlen
- 16 Streifen Frühstücks-Bacon
- Sonstiges: Fleischthermometer

Putenröllchen

- 500 g Putenschnitzel
- 4 Cocktailtomaten
- 8 große Basilikumblätter
- je 1 TL Salz, Pfeffer
- 1 TL Paprikapulver
- 60 g Pecorino (in 4 großen Scheiben)
- Sonstiges: 4 Holzspieße

ZEIT

- *Pute all'arrabiata:*
  30 Minuten Vorbereitung,
  30 Minuten Grillen
- *Putenröllchen:*
  30 Minuten Vorbereitung,
  25 Minuten Grillen

Italienisches Flair gibt es nicht nur bei Pasta und Pizza. Auch Putenbrust-filetstreifen dürfen sich bei dieser Geschmackskomposition wohlfühlen. Chilischärfe und typisch südländische Kräuter gehen eine aromatisch starke Verbindung ein; Putenfleisch gerollt sorgt für einen schön saftigen Kern. Zwei leichte, mediterrane Sommergerichte.

ZUBEREITUNG

Pute all'arrabiata

1 Für die Sauce Zwiebel und Knoblauch schälen und zusammen mit der Chili möglichst klein schneiden, im Mörser zu einem Brei verarbeiten. Je ½ TL Honig und Senf beifügen und mit Tomatenmark sehr gut verrühren. Gewürze nach Wahl zufügen und abschmecken. Empfehlenswert sind Rosmarin, Thymian, Basilikum, Oregano, Paprika, Pfeffer und Salz.

2 Putenbrustfilets trocken tupfen und in circa 3 cm dicke und 10 bis 15 cm lange Streifen schneiden. Arrabiata-Sauce mit geriebenem Parmesan, Sojasauce und Pfeffer zu einer breiartigen Panade mischen. Diese mit feuchten Händen in die Putenstreifen einmassieren und die Streifen mit Bacon umwickeln.

3 Fleischstücke indirekt bei mittlerer Hitze (circa 160 °C) etwa 30 Minuten grillen. Die Kerntemperatur sollte um 68 °C betragen, der Bacon schön kross sein.

Tipps: Die Panade lässt sich auch gut auf Baguettescheiben streichen. Diese dann kross angrillen – eine tolle Beilage ist fertig. Das Rezept funktioniert genauso gut mit Hähnchenbrust- und Schweinefilet. Besonders gut schmeckt das Rezept mit Pecorino senese aus der Toskana, dessen Laib mit Tomatenpüree behandelt wird.

Putenröllchen

1 Putenschnitzel auf etwa 3 mm Dicke flach klopfen, Tomaten in kleine Würfel mit ungefähr 5 mm Seitenlänge schneiden. Basilikumblätter feucht abreiben und von den Stielenden befreien.

2 Putenfleisch auf der zu füllenden Seite mit Salz, Pfeffer und Paprika würzen und die Gewürze gut andrücken. Dann den Käse, die Basilikumblätter und die klein gewürfelten Tomaten auf zwei Dritteln des Schnitzels verteilen. Anschließend die Putenschnitzel vom belegten Ende her aufrollen und mit einem Holzspieß am Ende fixieren.

3 Die Röllchen auf den Grill legen, 20 bis 25 Minuten bei mittlerer Hitze (ungefähr 160 °C) indirekt grillen, bis sie eine schöne Bräunung haben.

Tipps: Sie können auch Schweineschnitzel für dieses Rezept benutzen und Basilikum gegen Bärlauch ersetzen, wenn dieser Saison hat.

HÄHNCHENSPIESSE IM KNUSPERMANTEL

ZUTATEN *für 4 Portionen*
- *400 g Hähnchenbrust*
- *Salz, Pfeffer*
- *100 ml Tomatenketchup*
- *50 g Cornflakes*
- *Sonstiges: 4 Holzspieße (20 cm lang)*

ZEIT

25 Minuten Vorbereitung,
5 Minuten Grillen

Kinder grillen gern und deshalb eignen sich für einen erfolgreichen Kindergeburtstag am besten Fingerfood-Rezepte: Dann dürfen die Kinder das Grillgut unter Aufsicht selbst auf den Rost legen. Doch Vorsicht! Es besteht durchaus die Möglichkeit, dass diese Hähnchenspieße auch den Erwachsenen schmecken und Sie aus diesem Grund größere Mengen einplanen sollten.

ZUBEREITUNG

1 Die Holzspieße ungefähr 10 Minuten wässern.

2 Hähnchenbrust in 4 schnitzelartige Scheiben schneiden, anschließend die Hähnchenscheiben salzen und pfeffern und der Länge nach auf die Spieße stecken.

3 Die Hähnchenspieße nun von jeder Seite 2 bis 3 Minuten grillen, bis sie eine leichte Bräunung haben. Inzwischen Cornflakes in einem Tuch oder Beutel zerbröseln.

4 Spieße vom Rost nehmen und mit dem Ketchup bepinseln. Cornflakesbrösel über die Spieße streuen und servieren.

TIPPS

1 Damit die Holzspieße nicht verbrennen, können Sie die Enden der Spieße ohne Fleisch auch mit Alufolie umwickeln oder die Alufolie zwischen den Grillrost und die fleischfreie Seite der Holzspieße legen.

2 Um den Spießen eine asiatische Note zu geben, können Sie den Ketchup durch süße Chilisauce (siehe Seite 147) ersetzen.

HÄHNCHEN IM PARMA-WRAP

ZUTATEN *für 4 Portionen*
- *125 g Mozzarella (1 Kugel)*
- *4 Zweige Basilikum*
- *4 Hähnchenbrustfilets (ohne Haut)*
- *Salz, Pfeffer*
- *8 Scheiben Parmaschinken*
- *4 Zweige Rosmarin*

ZEIT
25 Minuten Vorbereitung, 35 Minuten Grillen

Diese etwas ausgefallene Art, Hähnchenbrustfilets zuzubereiten, lässt Urlaubsfeeling aufkommen. Köstlicher Parmaschinken aus Italien drückt diesen mit mediterranen Zutaten gefüllten Hähnchenbrüsten seinen unvergleichlichen Stempel auf. Der Schinken bildet eine knusprige Oberfläche, schützt zudem das zarte Filet vor dem Austrocknen und verhindert das Austreten der Füllung aus der Fleischtasche.

ZUBEREITUNG

1 Mozzarellakugel in etwa 1 cm dicke Scheiben schneiden, diese halbieren. Basilikumblätter vom Zweig zupfen.

2 Hähnchenbrustfilets von jeder Seite ungefähr 2 Minuten scharf angrillen, so dass Grillmarkierungen auf dem Fleisch entstehen. Anschließend die Filets für 10 Minuten indirekt weiter grillen.

3 Filets vom Grill nehmen und der Länge nach eine Tasche in die Hähnchenbrüste schneiden, mit den Mozzarellascheiben und Basilikumblättern füllen, mit etwas Salz und Pfeffer würzen.

4 Zwei Scheiben Parmaschinken leicht überlappend auf einem Küchenbrett auslegen, einen Zweig Rosmarin in die Mitte, dann eine gefüllte Hähnchenbrust auf den Rosmarinzweig legen und mit dem Schinken umwickeln. Die übrigen Hähnchenbrüste ebenso verarbeiten.

5 Die eingerollten Filets nochmals circa 20 Minuten indirekt bei mittlerer Hitze (160 °C) grillen. Die Filets zum Servieren quer halbieren und eine Hälfte pro Person servieren.

TIPPS

1 Idealerweise verwenden Sie Büffelmozzarella (Mozzarella di bufala).

2 Wer es gern etwas fruchtiger möchte, kann zusätzlich Streifen sonnengereifter Tomaten zur Füllung geben. Eine leckere Alternative zu Mozzarella/Basilikum sind mit Frischkäse gefüllte Minipaprika und Kirschtomaten.

3 Ist kein Parmaschinken zur Hand, wird es auch mit St.-Daniele-Schinken schmecken. Serrano und geräucherter Schinken sind sehr dominant im Geschmack und sollten besser nicht genommen werden. Als Beilage passen kleine gefüllte Champignons (Seite 113) sowie Ciabatta und ein leichter Weißwein wie Pinot Grigio oder Soave.

Gut gegrilltes Geflügel

ZUTATEN *für 4 Portionen*

- *4 Hühnerbrustfilets (à 200 g)*
- *1 TL Meersalz*
- *1 TL Pfeffer, frisch zerstoßen*
- *½–1 TL Chiliflocken*
- *1 Knoblauchzehe*
- *1 Zweig Rosmarin, Nadeln gehackt*
- *4 EL Zitronensaft*
- *4 EL Olivenöl*
- *Sonstiges: 4 Ziegelsteine; Räucherholz (nach Wahl und Verfügbarkeit); Fleischthermometer*

ZEIT

10 Minuten Vorbereitung, 10 Minuten Grillen; Marinierzeit: 30 bis 60 Minuten

Direktes Grillen

HÄHNCHENBRUST UNTER DEM ZIEGEL

Dieses toskanische Rezept wendet Weltmeister Thomas Jensen gerne an, wenn er die Aufmerksamkeit seiner Gäste wecken will. Die Hühnerbrust unter dem Stein funktioniert rein physikalisch so: Stein und Alufolie verhindern, dass das Fleisch nach oben hin Feuchtigkeit verliert, die Alufolie reflektiert zusätzlich die Hitze ins Fleisch. Ganz praktisch garantiert das Verfahren neben einem intensiven Grillmuster und der interessanten Wellenform des Fleisches einen tollen Showeffekt beim Auflegen der Backsteine.

ZUBEREITUNG

1 Hühnerbrüste von eventuell vorhandenen Sehnen und überstehendem Fett befreien. Großzügig mit Salz, Pfeffer, Chiliflocken, fein gehacktem Knoblauch und Rosmarin einreiben. Auf eine flache Platte legen, Zitronensaft und Olivenöl darauf verteilen und im Kühlschrank für 30 bis 60 Minuten ziehen lassen. In der Zeit ein paar Mal wenden.
2 Ziegelsteine einzeln in Alufolie wickeln. Den Grill für direktes Grillen bei mittlerer Hitze vorbereiten. Grillrost abbürsten und mit einem in Pflanzenöl getränkten Küchentuch ölen. Eventuell Räucherholz zugeben.
3 Hühnerbrüste auf den Grillrost legen, parallel zueinander und in einem Winkel von circa 45 Grad zu den Roststreben. Auf jede Brust einen eingewickelten Ziegelstein legen. Hühnerbrüste durchgrillen (mindestens 70 °C Kerntemperatur, am besten mit einem Fleischthermometer messen), ungefähr 3 bis 5 Minuten pro Seite. Nach je 1½ Minuten die Brüste um circa 90° drehen, um so ein attraktives Grillmuster zu erhalten.

TIPPS

Das magere Hühnerfleisch ist auch bei Kindern sehr beliebt. Der Couscous-Salat (Seite 99) ist ein idealer Begleiter. Je nach Geschmack können Sie die Brüste mit oder ohne Haut grillen.

HÜHNERFILET MEDITERRAN

Mit diesem Rezept holt man sich Geschmack und Lebensfreude der Mittelmeerländer auf seinen Grill. Beim Aufschneiden der fertigen Filets bildet die bunte Füllung einen tollen Kontrast zum hellen Geflügelfleisch.

ZUTATEN *für 4 Portionen*

- *4 Minipaprikas (Vitapeps oder ähnliche)*
- *125 g Kräuterfrischkäse*
- *4 Hähnchenbrustfilets*
- *2 TL Kräuter der Provence*
- *1 EL Basic-Rub (Seite 51)*
- *Sonstiges: Gefrierbeutel, verschließbar; Zahnstocher*

ZEIT

20 Minuten Vorbereitung, 40 Minuten Grillen

ZUBEREITUNG

1 Die Kappe am Stiel der Minipaprikas abschneiden, Paprikas aushöhlen und auf dem Grill etwa 15 Minuten von allen Seiten bräunen. In einen Gefrierbeutel füllen, verschließen und ungefähr 10 Minuten liegen lassen. Dann Paprika herausnehmen, Haut entfernen, der Länge nach halbieren und jede Hälfte mit Frischkäse füllen.

2 In die Hähnchenfilets der Länge nach eine Tasche schneiden und diese aufklappen. Mit Kräutern der Provence leicht würzen. Die Taschen mit den halben Minipaprika füllen und mit einem Zahnstocher verschließen.

3 Hähnchenfilets mit dem Basic-Rub leicht einreiben und circa 40 Minuten indirekt bei mittlerer Hitze (circa 160 °C) grillen. Fertige Filets in der Mitte teilen und auf einem Teller angerichtet servieren.

PINSEL AUS DEM KRÄUTERTOPF

Wenn ich mein Grillgut mit Sauce oder Marinade einpinseln will, könnte ich natürlich einen stinknormalen Pinsel aus Borsten oder Silikon nehmen. Aber ich finde, der beste Pinsel wächst in meinem Kräutertopf.

Ich schneide mir einfach ein Paar Zweige vom Rosmarin oder ähnlichen Kräutern ab, binde sie zusammen oder an einen Kochlöffel aus Holz. Gerade bei mediterranen Rezepten ist das auch eine ideale Methode, um noch etwas mehr Aroma ans Grillgut zu bringen, und falls Gäste zuschauen, ist auch der Showfaktor nicht zu verachten.

BEER-CAN-CHICKEN

Der Showklassiker. Kaum ein anderes Grillrezept wurde in den letzten Jahren so bekannt wie das Beer-Can-Chicken. Über das Versprechen, das Huhn würde auf der Bierdose zarter und saftiger, streiten sich die großen Grillgeister allerdings. Auf jeden Fall ist die Zubereitung was fürs Auge. Ursprünglich stammt das Rezept wahrscheinlich aus Australien.

ZUTATEN *für 4 Portionen*

- *je 2 Zweige Thymian und Rosmarin*
- *2 Zwiebeln*
- *Saft von 2 Zitronen*
- *6 EL Sojasauce*
- *5 EL Salz*
- *4 EL brauner Zucker*
- *4 Lorbeerblätter*
- *1 EL Oregano, gerebelt*
- *1 EL Liebstöckelblätter, gemahlen*
- *2 EL Cayennepfeffer*
- *2 EL Rosenpaprikapulver, scharf*
- *2 Hähnchen (à 1200 g)*
- *1 l Orangensaft*
- *2 Dosen Bier (à 0,33 l)*
- *1 Zweig Rosmarin*
- *Chicken-Rub (Seite 51, vollständige Menge)*
- *Honig, Olivenöl*
- *Sonstiges: Gefrierbeutel, verschließbar*

ZEIT

Am Vortag beginnen!
30 Minuten Vorbereitung, 65 Minuten Grillen; Marinierzeit: mindestens 10 Stunden

ZUBEREITUNG

1 Für die Marinade Thymian- und Rosmarinblätter von den Stielen zupfen, die Zwiebeln halbieren und in Scheiben schneiden und mit Zitronensaft, Sojasauce sowie den weiteren Kräutern und Gewürzen in einen großen Gefrierbeutel oder eine große Schüssel füllen. Danach die Hähnchen in die Marinade legen, mit Orangensaft auffüllen, so dass die Hähnchen gut bedeckt sind. Den Behälter geschlossen über Nacht in den Kühlschrank stellen.

2 Bierdosen abwaschen, jeweils ein Drittel des Bieres abgießen und einen halben Rosmarinzweig in jede Bierdose stecken. Das Hähnchen aus der Marinade nehmen und mit einem Haushaltstuch trocken tupfen, mit der Bauchöffnung auf die Bierdose setzen, so dass die Schenkel nach unten zeigen. Mit dem Rub einreiben.

3 Die Grillkohle rechts und links im Grill anordnen und in die Mitte unter den Kohlerost eine Fettauffangschale stellen. Die Hähnchen mit der Bierdose indirekt etwa 60 Minuten grillen, dabei je nach Bräunungsgrad nach etwa 30 Minuten um 90 Grad drehen.

4 Honig und Olivenöl miteinander verrühren, das Hähnchen zum Ende der Garzeit damit bepinseln und weitere 5 Minuten grillen.

TIPP

Statt Bier können Sie auch Apfelsaft, Cidre, Cola oder Rotwein in die Dose geben. Das aufsteigende Aroma der verdunstenden Flüssigkeit hinterlässt jeweils seinen eigenen, zarten Geschmack.

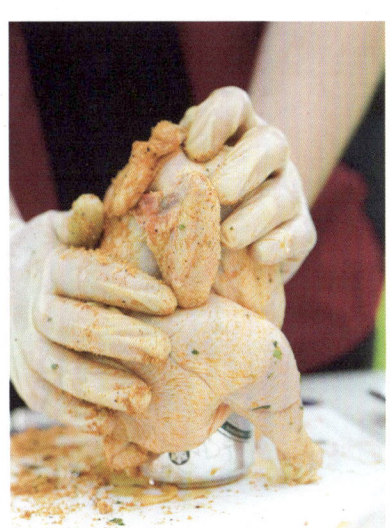

ZUTATEN *für 4 Portionen*

- 2 TL brauner Rohrzucker
- 3 TL Paprikapulver, edelsüß
- 2 TL schwarzer Pfeffer,
  gemahlen
- 2 TL Salz
- 1 Messerspitze Zwiebel-
  pulver
- 1 Messerspitze Cayenne-
  pfeffer
- 2 EL Olivenöl
- 16 Hähnchenflügel
- 2 EL Pflanzenöl zum Einreiben des Grillrosts
- 50 ml Ahornsirup
- Sonstiges: großer Gefrierbeutel, verschließbar

ZEIT

*15 Minuten Vorbereitung,
70 Minuten Grillen*

Indirektes Grillen

CHICKEN-WINGS

Chicken-Wings kommen immer gut an und dürfen bei einem klassischen BBQ nicht fehlen. Mit der folgenden Anleitung werden ihre „Wings" zukünftig viel besser: Die krosse Haut bekommt durch unser Rezept eine süß-würzige und leicht scharfe Geschmacksnote. Eine schonende Garmethode verhilft dem Fleisch zu einer verführerischen Saftigkeit.

ZUBEREITUNG

1 Zunächst den Grill für indirektes Grillen vorbereiten und auf eine mittlere Hitze von etwa 140 °C vorheizen und die Marinade zubereiten: Dafür Rohrzucker, Paprika, Pfeffer, Salz, Zwiebelpulver und Cayennepfeffer in eine kleine Schüssel geben und vermischen. Nun das Olivenöl hinzugeben und verrühren, so dass eine sämige Masse entsteht.

2 Hähnchenflügel marinieren. Dazu alle Flügel in eine Tüte geben, die Marinade dazugießen, Tüte zubinden und alles in der Tüte so lange wälzen, bis sich die Marinade gleichmäßig auf allen Flügeln verteilt hat, dann Flügel herausnehmen.

3 Die Grillroste mit einem in Pflanzenöl getränkten Haushaltstuch einölen und die Flügel auflegen. Nach ungefähr 40 Minuten einmal wenden und die Position der Flügel gelegentlich tauschen, damit alle Flügel die gleiche Temperatur erreichen. Die Flügel circa 20 Minuten weiter grillen. Danach den Ahornsirup mit einem Pinsel auf die Flügelaußenseiten auftragen und weitere 10 Minuten grillen.

TIPPS

1 Kaufen Sie, wenn möglich, nicht zu kleine Flügel. Größere Flügel bleiben saftiger.

2 Bei der Marinadenmischung kann nach Geschmack variiert werden. Wer es nicht so süß mag, tauscht beispielsweise das Paprikapulver gegen Chilipulver aus – allerdings nicht 1:1, das wäre zu scharf.

Gut gegrilltes Geflügel

CHICKEN-LOLLIES

Diese Wings sehen nicht nur toll aus, sondern werden außen knusprig und bleiben doch wegen der Umhüllung innen würzig und saftig. Mit diesem von Udo Gildehaus und Manfred Peters ausgetüfteltem Rezept haben die BBQ-Scouts den ersten Platz beim Berlin International BBQ Challenge 2007 in der Kategorie „Geflügel" belegt. Allerdings ist die Sache ziemlich aufwendig.

ZUTATEN *für 4 Portionen*

- *1 Glas Olivenpaste*
- *1 EL Olivenöl*
- *1 EL brauner Zucker*
- *12 große Hühnerflügel (mit Haut, ohne Spitzen)*
- *4 Salbeiblätter*
- *4 Scheiben Parmaschinken*
- *4 Scheiben Bacon*
- *3 EL Basic-Rub (Seite 51)*
- *Sonstiges: Zahnstocher*

ZEIT

60 Minuten Vorbereitung, 40 Minuten Grillen

ZUBEREITUNG

1 Die Olivenpaste mit dem Öl und dem Zucker zu einem homogenen Brei vermischen.

2 Hühnerflügel mithilfe eines Messers am Gelenk in „Schulter" und „Arm" teilen. Die „Armstücke" zur Seite legen und beispielsweise als Chicken Wings, Seite 217, weiterverarbeiten.

3 Haut der „Schulterstücke" in einem Stück von Fleisch und Knochen lösen und zur Seite legen, sie wird noch benötigt. Nun am oberen Ende des Knochens das Fleisch rundherum einschneiden, so dass es vom Knochen gelöst, aber am unteren, dicken Ende noch mit dem Knochen verbunden ist. Dann mit dem Fleisch einen Lolli formen, indem man das Fleisch über den unteren Teil des Flügels stülpt. Dabei mit der Hand leicht andrücken, so dass die Hähnchenflügelteile das Aussehen eines Lollies mit Griff erhalten.

4 Das Stück abgelöste Haut um das Fleisch wickeln. Der „Lolli" ist nun fertig: eine mit Haut umwickelte Fleischkugel an einem langen Stück Knochen. Mit allen Flügeln so verfahren.

5 Ein Drittel dieser Lollies wird anschließend mit einem Blatt Salbei, dann mit einer Scheibe Parmaschinken umwickelt und diese mit einem Zahnstocher festgesteckt. Das zweite Drittel der Flügel in der Olivenmischung wenden und mit einer Scheibe Bacon umhüllen und wiederum mit einem Zahnstocher fixieren. Den Rest der Lollies mit Basic-Rub bestreuen.

6 Lollies etwa 40 Minuten indirekt grillen. In einer Ofenform oder auf einer Servierplatte anrichten und als Fingerfood servieren.

TIPPS

Je größer die Flügel, desto besser lassen sich die Lollies formen. Serrano- oder geräucherter Schinken sind für die Lollies nicht zu empfehlen, diese Sorten sind zu dominant im Geschmack.

ENTENBRUST VON DER PLANKE

In diesem Rezept werden zwei Garmethoden miteinander kombiniert. Zunächst wird das Fleisch direkt angegrillt und danach indirekt fertig gegart. Die Entenbrust erhält durch das verwendete Holz eine dezente Rauchnote. Für Experimentierfreudige findet sich außerdem eine Zubereitungsart für Ascheschinken aus Entenbrust.

ZUTATEN *für 2 Portionen*

- *1 Barbarie-Entenbrust mit Haut (etwa 300 g)*
- *2 EL Pflaumen-Chili-Marmelade oder chinesische Pflaumensauce (Plum Sauce)*
- *2 EL Apfelsaft*
- *Salz, Pfeffer*
- *Balsamico-Essig*
- *Sonstiges: 1 Holzplanke (Zeder, Erle oder ein anderes aromatisches Holz; ca. 10 cm x 25 cm); Fleischthermometer*

ZEIT

5 Minuten Vorbereitung, 10 Minuten Grillen, 5 Minuten Ruhezeit

ZUBEREITUNG

1 Holzplanke 30 bis 60 Minuten in Wasser oder Apfelsaft einlegen.

2 Entenbrust auf der Hautseite kreuzweise im Abstand von 5 mm mit einem scharfen Messer einritzen. Marmelade mit Apfelsaft verrühren.

3 Die Holzplanke auf dem Rost in direkter Hitze anrösten, bis sie leicht geschwärzt ist beziehungsweise leicht anfängt zu rauchen. Dann umdrehen und an eine indirekte Position im Grill legen.

4 Entenbrust auf der Hautseite direkt angrillen, bis diese kross braun ist. Von beiden Seiten mit der Marmeladenmischung bestreichen.

5 Mit der Fleischseite auf die Planke legen, Deckel schließen und für etwa 10 Minuten durchziehen lassen, bis das Fleisch medium und eine Kerntemperatur von etwa 58 °C erreicht ist. 5 Minuten in Alufolie gewickelt ruhen lassen, damit sich die Fleischsäfte verteilen können. In Scheiben von ungefähr 7 mm Dicke quer zur Faser aufschneiden, mit Salz und Pfeffer sowie einigen Tropfen Balsamico-Essig würzen und servieren.

TIPP

Aus frischer Entenbrust lässt sich delikater Schinken herstellen. Wenn Sie einen kühlen Raum (10–14 °C, Keller) und frische Holzasche (aus dem Kamin) von trockenen, unbehandelten Hart- oder Obsthölzern haben, probieren sie Folgendes: Spülen Sie die Entenbrust ab und tupfen Sie sie mit einem Küchentuch trocken. Entenbrust mit grobem Salz und geschrotetem Pfeffer bestreuen und über Nacht in einem offenen Gefäß in den Kühlschrank legen. Am nächsten Tag abwaschen, um das Salz zu entfernen, trocken tupfen und in einen Schuhkarton oder ein anderes nicht luftdichtes Gefäß mit sauberer Holzasche legen und vollständig mit Asche bedecken. Entenbrust nach 14 Tagen entnehmen und Asche abbürsten. Weitere 14 Tage in kühler Umgebung trocknen lassen, am besten an einem Haken. Arbeiten Sie peinlich sauber! Wenn es Schimmelbefall gibt oder unangenehm riecht, ist etwas schiefgegangen.

GRILLEN FÜR DIE SÜSSEN

Keiner Ihrer Gäste wird ein leckeres Tiramisu verschmähen, aber wir versprechen Ihnen, mit den Desserts auf den folgenden Seiten machen Sie Ihr Grillfest unvergesslich: Gerauchte Birnen, Grillpralinen, honigsüße Feigen. Da kann man nicht nein sagen und die letzte Glut für ein großes Finale nutzen ...

ANANAS-TRAUBEN-SPIESSE

Ananas ist eine der schönsten und vielseitigsten Grillfrüchte. Viele kennen sie nur noch in Scheiben aus der Dose, aber die frische Ananas ist geschmacklich um Welten besser. Als Vorspeise im Fingerfood Style, als Beilage zu einem Hauptgericht oder als krönendes Dessert mit Eis erhält die Ananas durch die entstehenden Röstaromen einen fulminanten Eigengeschmack und verströmt einen wunderbaren Geruch.

ZUTATEN *für 4 Portionen*
- ½ *reife Ananas*
- 16 *rote kernlose Wein-trauben*
- 4 EL *brauner Rohrzucker*
- 1 EL *Zimtpulver*
- ½ TL *Chilipulver*
- *Sonstiges: 4 Holzspieße (etwa 25 cm lang)*

ZEIT

30 Minuten Vorbereitung, 5 bis 10 Minuten Grillen

ZUBEREITUNG

1 Die Spieße 30 Minuten in Wasser einlegen, damit sie auf dem Grill nicht verbrennen.
2 Ananas mit einem scharfen Messer schälen, so dass möglichst alle Augen entfernt werden. Den harten Kern in der Mitte herauslösen. Aus den verbleibenden Teilen Stücke von ungefähr 2 bis 3 cm Dicke und Länge schneiden.
3 Braunen Zucker, Zimt- und Chilipulver in einer kleinen Schüssel gut miteinander vermischen.
4 Abwechselnd die Ananasstücke und die Weintrauben auf die Spieße stecken und mit der Zuckermischung bestreuen. Das Ganze etwa 20 Minuten ziehen lassen.
5 Anschließend auf den Grill legen und bei mittlerer direkter Hitze unter mehrfachem Wenden circa 5 bis 10 Minuten grillen, bis der Zucker golden karamellisiert ist. Den Zucker nicht zu dunkel werden lassen, denn dann wird er bitter. Spieße vom Grill nehmen und sofort servieren.

TIPPS

1 Ananas und Weintrauben lassen sich auf den Spießen natürlich verschieden kombinieren. Sind nur noch wenige Weintrauben da, schneiden Sie die Ananasstücke einfach etwas größer und verzieren sie jeden Spieß mit einer Traube (siehe Foto).
2 Je nach Menge des Chilipulvers lässt sich eine schärfere oder mildere Geschmacksnote erzielen, wenn Kinder dabei sind, lieber etwas weniger. Eine reife Ananas erkennt man daran, dass sich die Mittelblätter leicht herausziehen lassen. Fallen die Blätter jedoch von selbst heraus, ist sie wahrscheinlich überreif.
3 Ein Streifen aus mehrfach gefalteter Alufolie schützt die Enden der Spieße zusätzlich vor dem Verbrennen. Die Ananasstücke können vor dem Würzen für einen Hauch karibischer Leichtigkeit auch eine Weile in Rum eingelegt werden.

ENTSPANNT VORBEREITEN

Entspannte Vorbereitung ist eigentlich das Geheimnis – ganz gleich ob man Weltmeister werden will oder einfach nur mit ein paar Freunden grillen möchte.

Fangen Sie rechtzeitig an: Ich wähle bereits drei Tage vor dem Grilltag die Gerichte aus und kaufe einen Tag vorher ganz entspannt ein, bereite Marinaden zu. Auch am Grilltag selbst keine Hektik: Früh anfangen, ein wenig Musik auflegen ist mein Tipp. Mit einem Glas Wein dazu schnippeln sich die Zutaten dann ganz besonders angenehm …

FRUCHTNESTER

Dieses schnelle Grilldessert stillt Ihren Appetit auf Frucht, Knusper und Süße. Oftmals werden für Desserts exotische Früchte verwendet, hier sollten Sie mal zu heimischen Beeren greifen, die gerade Saison haben. Das Lebkuchengewürz sorgt für einen ausgewogenen Geschmack und besonderen Duft.

ZUTATEN *für 4 Portionen*
- *3 EL neutrales Pflanzenöl*
- *8 Blätter Yufkateig*
- *250 g Heidelbeeren*
- *250 g Himbeeren*
- *250 g Brombeeren*
- *1 EL Zitronensaft*
- *3 EL Puderzucker*
- *¼ TL Lebkuchengewürz*
- *4 Zweige Minze*
- *Schlagsahne*
- *Sonstiges: 4 Muffin- förmchen*

ZEIT

20 Minuten Vorbereitung, 15 Minuten Grillen

ZUBEREITUNG

1 4 Muffinförmchen (etwa 8 cm Durchmesser) mit etwas Öl einfetten. Den Yufkateig in 16 Quadrate von je etwa 12 cm Seitenlänge schneiden, mit Öl bestreichen und jeweils 4 Teigquadrate leicht versetzt zueinander in die Förmchen schichten, so dass ein Sternmuster entsteht.

2 Die Förmchen im geschlossenen Grill etwa 6 bis 8 Minuten bei hoher Hitze von etwa 180 °C indirekt grillen, bis der Teig goldgelb ist. In der Zwischenzeit Sahne schlagen.

3 Danach Beeren, 1 EL Zitronensaft, Zucker und Lebkuchengewürz langsam in einer Aluschale auf dem Grill aufkochen, dann bei geringer Hitze unter Rühren 5 Minuten köcheln lassen. Aluschale vom Grill nehmen, Beeren abtropfen lassen und in die Nester füllen. Nester mit Minzzweigen dekorieren und warm mit Schlagsahne servieren.

TIPP

Das Rezept funktioniert auch mit der gleichen Menge einer tiefgekühlten Beerenmischung, die man vorher langsam aufgetaut hat.

GEFÜLLTE HONIGFEIGEN

ZUTATEN *für 4 Portionen*

- *150 ml Orangensaft*
- *6 EL Honig*
- *12 frische Feigen*
- *40 g geschälte Pistazien, nicht gesalzen*
- *25 g getrocknete Apriko-sen*
- *1 TL gerösteter Sesam (siehe Tipp 1)*
- *Puderzucker*
- *80 g griechischer Joghurt*

ZEIT

20 Minuten Vorbereitung, 10 Minuten Grillen

Im Orient sind Feigen als „Liebesfrüchte" bekannt. Mit viel Hingabe auf dem Grill zubereitet, verführen Sie Ihre Grillgäste zu einem tollen und sehr süßem Geschmackserlebnis. Der Feigenbaum ist eine der ältesten Nahrungs- und Nutzpflanzen der Menschheit. Seine Spuren reichen bis in die Kreidezeit (vor 120 Millionen Jahren) zurück.

ZUBEREITUNG

1 Orangensaft und 5 EL Honig in einem geeigneten Topf langsam erwärmen, bis sich der Honig aufgelöst hat. Die Feigen zugeben und etwa 10 Minuten weich köcheln, an-schließend abkühlen lassen.
2 Für die Füllung Pistazien und Aprikosen sehr fein hacken und in eine Schüssel ge-ben. Dann Sesam und den restlichen Honig hinzufügen und gut vermischen.
3 Die abgekühlten Feigen mit einer Schaumkelle aus der Flüssigkeit nehmen und mit einem Messer von oben einschlitzen. Mit den Fingern jeweils eine leichte Höhlung in die Feigen drücken und mit ungefähr 1 TL der Pistazien-Aprikosen-Mischung füllen. Feigen nach dem Füllen wieder zusammendrücken und in eine feuerfeste Form (unge-fähr 26 cm x 20 cm groß) legen. Anschließend die Feigen mit der Kochflüssigkeit, dem gekochten Honig-Orangensaft, übergießen.
4 Die Feigen im geschlossenen Grill ungefähr 10 Minuten bei etwa 180 °C indirekt gril-len. Danach aus der Flüssigkeit heben und mit etwas Puderzucker bestäuben. Warm oder kalt mit dem Orangensaftsud und wahlweise auch mit Joghurt servieren.

TIPPS

1 Sesam rösten sie in einer Pfanne ohne Öl. Aufpassen, dass er nur ganz leicht braun wird, sonst bekommt er einen penetranten Geschmack. Anstatt der getrockneten Apri-kosen können auch Rosinen und anstelle der Pistazien Walnüsse oder Mandeln ver-wendet werden.
2 Eine Feige reift nur am Baum, deshalb sollten nur Feigen, die samtartig und federnd sind, für dieses Dessert genommen werden. Frische Feigen sind sehr empfindlich und nur kurze Zeit haltbar (im Kühlschrank etwa 5 Tage), danach beginnen sie zu gären. Falls eine Feige lange lagerfähig ist, ist sie entweder unreif oder behandelt.

WÜRZIGE BIRNEN UND SÜSSE PFIRSICHE

ZUTATEN
für jeweils 4 Portionen

Gegrillte Gorgonzolabirnen
- 2 Birnen (nicht zu reif)
- 100 g Gorgonzola
- 2 cl Pastis
- 10 g Ingwer (etwa 2 cm), frisch gerieben
- 1 Messerspitze Cayennepfeffer

Grillpfirsiche
- 4 Pfirsiche
- Saft von 1 Zitrone
- 4 TL Puderzucker
- 8 TL Pfirsichlikör
- 8 Marshmallows

ZEIT
- Gegrillte Gorgonzolabirnen: 30 Minuten Vorbereitung, 20 Minuten Grillen
- Grillpfirsiche: 25 Minuten Vorbereitung, 10 Minuten Grillen

Der Gorgonzola mit seiner Strenge und dem doch zarten Schmelz, der Pastis mit seinem Anisaroma und der Ingwer mit seiner scharfen Frucht treffen auf die Birne – das gibt ein wahres Geschmacksfeuerwerk. Pfirsiche mit Marshmallows klingen gefährlich, aber schmecken richtig gut.

ZUBEREITUNG
Gorgonzolabirnen: Den Grill auf hohe Hitze von etwa 220 °C anheizen und für indirektes Grillen vorbereiten. Die Birnen waschen, halbieren und an den Seiten jeweils ein wenig gerade abschneiden, so dass eine Standfläche für die Birnenhälften entsteht. Das Kerngehäuse großzügig mit einem Löffel herauskratzen, dabei vorsichtig vorgehen, damit das Fruchtfleisch nicht bis durch die Schale durchstoßen wird. Gorgonzola, Pastis, Ingwer und Cayennepfeffer mit der Gabel in einer Schüssel zu einer Paste vermengen und zu gleichen Teilen in die Birnenhälften füllen. Gefüllte Birnenhälften (mit der gefüllten Seite nach oben) auf den Grill legen und indirekt bei geschlossenem Deckel 20 Minuten garen lassen. Die Birnen sollten leicht bissfest und die Käsemasse etwas angebräunt sein.
Tipp: Ideal für dieses Rezept sind die Birnensorten „Williams Christ" oder „Forelle".

Grillpfirsiche: Pfirsiche waschen, halbieren, den Kern entfernen und die Schnittflächen mit dem Zitronensaft beträufeln. Pro Pfirsichhälfte ½ TL Puderzucker auf die Schnittfläche streuen. Die mit Puderzucker bestreuten Hälften mit der Schnittfläche nach unten auf den heißen Rost legen und 1 bis 2 Minuten grillen, bis der Zucker karamellisiert ist. Die angegrillten Pfirsiche mit der Schnittseite nach oben in eine feuerfeste Form legen. Nun in die Kernhöhlung je 1 TL Likör geben und 1 Marshmallow daraufsetzen. Die Form mit den Pfirsichen für etwa 5 Minuten indirekt bei mittlerer Hitze von etwa 160 °C in den vorgeheizten Grill geben, bis die Marshmallows geschmolzen sind. Die gegrillten Pfirsiche auf einem Teller anrichten und noch warm servieren.
Tipps: Die Pfirsiche können durch Aprikosen und die Marshmallows und der Likör können durch Rumkirschen ersetzt werden. Falls Kinder mitessen oder Sie selbst keinen Alkohol mögen, nehmen Sie Fruchtsirup. Übrigens: Pfirsiche stecken voller Vitamine A, B_1 und B_2 und Mineralstoffe wie Phosphor und Kalium.

GERAUCHTE BIRNEN

*Gerauchte Birnen sind in dieser Form zwar dem Bratapfel nachempfun-
den, schmecken aber fast noch besser. Bereits im antiken Rom kannte
man mindestens 38 Sorten dieser eigenwillig geformten Frucht.*

ZUTATEN *für 4 Portionen*
- *4 große reife Birnen*
- *1 EL Zitronensaft*
- *1 Vanilleschote*
- *4 EL Butter*
- *4 EL brauner Zucker*
- *4 EL gemahlene Mandeln*
- *½ TL Lebkuchengewürz*
- *1 EL Amaretto*
- *neutrales Pflanzenöl*
- *Sonstiges: 4 Holzspieße
  (etwa 8 cm lang); 1 Stück
  Kirschholz*

ZEIT

*60 Minuten Vorbereitung,
45 Minuten Grillen*

ZUBEREITUNG

1 Am unteren Teil der Birne eine dünne Scheibe abschneiden, damit sie eine Standfläche bekommt. Circa 1 cm unterhalb des Stielansatzes den oberen Teil abschneiden
und zur Seite legen. Mit einem Kernausstecher (oder Messer) ein nach unten spitz zulaufendes Stück in der Birne ausstechen. Darauf achten, dass nicht durch den Boden
gestochen wird. Birne nun mit einem Kugelausstecher aushöhlen und das Innere sowie die Schnittflächen mit Zitronensaft bestreichen. So verfärbt sich das Fruchtfleisch
nicht braun.

2 Für die Füllung die Vanilleschote längs aufschneiden und ausschaben. Danach Butter, Zucker, gemahlene Mandeln, Lebkuchengewürz, Amaretto und Vanillemark in einer Schüssel vermischen. Füllung zu gleichen Teilen in die Birnen drücken und den
oberen Birnenteil wieder aufsetzen, mit einem Holzspieß fixieren und in eine gefettete
feuerfeste Form setzen.

3 Den Holzkohlegrill auf mittlere Hitze (160 °C) anheizen, Kirschholz zur Glut geben.
Birnen in der Form in den geschlossenen Grill stellen und indirekt circa 45 Minuten
grillen, bis sie Farbe angenommen haben und weich sind. Auf einem Teller anrichten
und warm servieren.

GRILL-PRALINEN

Schokolade vom Grill? Ein köstlich-spannender Schlusspunkt ist ge-schmolzene Schokolade im Knusperteig, dazu eine fruchtig-säuerliche Himbeernote. Das Dessert ist der letzte Eindruck Ihres Menüs. Mit dieser Süßspeise wird der garantiert ein bleibender sein. Unsere Grill-pralinen haben bisher auf jeder Meisterschaft vorne mitgespielt.

ZUTATEN *für 4 Portionen*
- *160 g Himbeeren, frisch oder tiefgekühlt*
- *20 g Zucker*
- *¼ TL Stärkemehl*
- *6 Blätter Yufkateig (drei-eckig)*
- *5 EL neutrales Pflanzenöl*
- *12 Mini-Schokoriegel (z. B. Bounty o. ä.)*
- *3 EL Puderzucker*
- *Schlagsahne*
- *frische Minze zum Deko-rieren*

ZEIT

50 Minuten Vorbereitung, 10 Minuten Grillen

ZUBEREITUNG

1 Himbeeren zur Zubereitung der Sauce kurz waschen und in einem Sieb gut abtrop-fen lassen, mit dem Zucker in einer Schüssel gut vermengen und leicht zerdrücken. Anschließend etwa 30 Minuten ziehen lassen. Die Himbeeren mit dem Zucker ein Mal aufkochen. Stärke mit 1 EL Wasser in einem Gefäß gut verrühren. Die Sauce mit dem Stärkemehl abbinden und abermals aufkochen. Sauce durch ein feines Sieb in eine Schüssel streichen und abkühlen lassen.

2 Den dreieckigen Yufkateig in Längsrichtung mittig mit einem Messer teilen, so dass je zwei kleinere dreieckige Blätter entstehen. Die Teigblätter auf einem Küchenbrett oder in einer Auflaufform von beiden Seiten mit Öl bestreichen.

3 Die Schokoriegel auspacken und jeweils einen in der Mitte des breiten Teigstückes positionieren. Den Teig rechts und links über den Schokoriegel einschlagen und zur Spitze hin aufrollen.

4 Die Pralinen im geschlossenen Grill etwa 6 bis 8 Minuten bei hoher Hitze von etwa 200 °C indirekt grillen, bis sie goldgelb sind. In der Zwischenzeit Sahne schlagen.

5 Auf einem Teller mit der Himbeersauce einen Spiegel gießen. Dann je Teller drei Pra-linen anrichten, mit Puderzucker bestäuben und Minzblättern dekorieren. Dazu Schlag-sahne servieren.

TIPPS

1 Verwenden Sie kein Olivenöl, sondern unbedingt ein geschmacksneutrales Öl wie beispielsweise Raps- oder Sonnenblumenöl.

2 Statt der Schlagsahne harmoniert auch ein cremiges Vanilleeis gut mit den Pralinen.

3 Da Yufkateig schnell trocken wird, sollte er zügig verarbeitet und mit Wasser und Öl geschmeidig gehalten werden, einfach mit einem Pinsel auf den Teig auftragen.

REZEPTE

SCHNELLES GRILLEN
Rezepte, die in weniger als 30 Minuten fertig sind

UNGEGRILLT

Wie heiß ist Ihr Grill? Die Handprobe
Halten Sie Ihre Hand ungefähr zehn Zentimeter über den Rost des Grills und messen Sie, wie lange Sie Ihre Hand dort trotz der Hitze belassen können. Daraus lässt sich die Temperatur abschätzen.

Dauer in Sekunden	1,7	2,2	3,7
Ungefähre Temperatur in °C	>250	160–180	100–140
Hitze	stark	mittel	schwach
Aussehen der Wärmequelle	hellorange leuchtend	orange leuchtend, leicht mit weißer Asche überzogen	kaum leuchtend und vollkommen mit Asche überzogen
Eignung	direktes Grillen	indirektes Grillen	Barbecuing

Holz zum Smoken

Holzsorte (deutsch/englisch)	Räucheraroma	Geeignet für
Ahorn / Maple	mild, leicht süßliche Note	Schwein und Geflügel
Apfel / Apple	mild, leicht süß und fruchtig	Schwein, Geflügel, Fisch
Buche / Beech	kräftiges sehr starkes Aroma	alle Fleisch- und Fischsorten
Erle / Alder	mildes Aroma	Geflügel, Lachs, Seafood
Eiche / Oak	kräftiges Aroma	Rind, Lamm, Wurst
Kirsche / Cherry	mild, leicht süß und fruchtig	Ribs, Schwein, Geflügel
Mirabelle / Mirabelle	mild, leicht süß und fruchtig	Ribs, Schwein, Geflügel
Olive / Olive	stark aromatisch	Fisch, Schwein
Pflaume / Plum	mild, leicht süß und fruchtig	Ribs, Schwein, Geflügel
Süßhülsenbaum / Mesquite	kräftiges Aroma	Schwein, Geflügel, Rind
Walnuss (nordam.) / Hickory	sehr kräftiges Aroma	Rind, Schein, Lamm, Ribs

STICHWORTE

Impressum

© 2011 Stiftung Warentest, Berlin

Stiftung Warentest
Lützowplatz 11–13
10785 Berlin
Tel. 0 30/26 31–0
Fax 0 30/26 31–25 25
www.test.de

Vorstand: Dr. jur. Werner Brinkmann

Weiteres Mitglied der Geschäftsleitung:
Hubertus Primus (Publikationen)

Autoren: Thomas Brinkmann, Per-Olof Daude, Udo Gildehaus, Marco Greulich, Thomas Jensen, Andreas Oppermann, Manfred Peters, Alexander Schwab, Uwe Wipfler, Silvia Zapp, Thomas Zapp
Lektorat: Niclas Dewitz, Magnus Enxing
Lektoratsassistenz: Veronika Schuster

Fachliche Beratung: Nicole Merbach
Korrektorat: Hartmut Schönfuß, Berlin
Grafik, Layout, Bildredaktion: Christoph Bebermeier, BÜRO WEISS, Berlin
Fotografie: Peter Schulte Photographie, Hamburg
Fotoassistenz: Beate Schulte-Cayla, Berlin
Foodstyling: Nicole Müller-Reymann, Hamburg

Weitere Fotos:
Gerhard Westrich, Berlin: S. 6, 11, 12
fotolia/UMA: S. 30
Ute Scheibner: S. 17
Wir danken folgenden Firmen für die Überlassung von Bildmaterial:
BBQ-Scout GmbH: S. 19, 20 (links), 21, 28 (links unten)
LANDMANN GmbH und Co. Handels-KG: S. 33 (unten)
OUTDOORCHEF Deutschland GmbH: S. 20 (rechts)

Produktion: Vera Göring
Verlagsherstellung: Rita Brosius (Ltg.), Susanne Beeh
Litho und Druck: Rasch Druckerei und Verlag GmbH & Co. KG, Bramsche

Einzelbestellung:
Stiftung Warentest
Tel. 0 180 5/00 24 67
Fax 0 180 5/00 24 68
(je 14 Cent pro Minute aus dem Festnetz, maximal 42 Cent pro Minute aus dem Mobilfunknetz)
www.test.de/shop

ISBN: 978-3-86851-023-2